Méthode

LE COMMENTAIRE LITTÉRAIRE

Myriam BOUCHARENC
Agrégée de Lettres Modernes

Série dirigée par
Annick BOUILLAGUET

ALBIN MICHEL

INTRODUCTION

Les candidats au baccalauréat, désireux de mieux connaître les nouvelles épreuves anticipées de Français à l'écrit, pourront, grâce à cet ouvrage, s'initier au commentaire littéraire et à l'étude littéraire.

A l'image de la complémentarité des trois épreuves, les ouvrages de la collection *Méthode* sont conçus dans un même esprit d'information et de formation aux nouveaux exercices requis.

On trouvera donc dans ce livre, outre une définition des épreuves, une section méthodologie qui prépare les candidats à l'examen en établissant le lien avec les savoirs et les savoir-faire acquis dans les classes de lycée, notamment avec la lecture méthodique.

Des exemples de sujets assortis de pistes d'études offrent un choix significatif de textes en adéquation avec les nouvelles directives. Les notions essentielles à connaître font l'objet de définitions répertoriées dans la dernière section du livre.

Muni de cet ouvrage, le candidat pourra, à son rythme, exercer ses compétences de lecture et d'écriture, compléter ses connaissances et se préparer à la réussite.

SOMMAIRE

DEFINITION DES EPREUVES

DEFINITION DES EPREUVES

Les nouvelles épreuves de français du baccalauréat sont définies dans le Bulletin officiel de l'Education nationale du 28 juillet 1994. Ces instructions entrent en vigueur à partir de l'année scolaire 1995-1996. A l'écrit, le « commentaire composé d'un texte littéraire » est remplacé au titre du « deuxième sujet » par le ***commentaire littéraire*** *pour les séries générales (L, ES et S) et par l'****étude littéraire*** *pour les séries technologiques (STT, STL, SMS, STI).*

1 Le commentaire littéraire et l'étude littéraire

Ces deux épreuves, conçues dans le même esprit, ont un certain nombre de modalités en commun :

- leur durée est de 4 heures ;
- elles ont pour finalité l'analyse d'un texte littéraire ;
- elles comportent deux parties ;
- la première partie de l'épreuve est définie dans les mêmes termes. Elle consiste en « *deux ou trois questions d'observation du texte* » (B.O. du 28 juillet 1994).

Le commentaire littéraire et l'étude littéraire diffèrent néanmoins en ce qui concerne :

- le cœfficient :

  3 pour la série L, 2 pour les séries S, ES et les séries technologiques ;

- la répartition des points :

  La première partie est notée sur 4 points et la seconde sur 16, pour le commentaire littéraire ; tandis que pour l'étude littéraire la première partie est notée sur 8 points et la seconde sur 12.

● La deuxième partie :
Il s'agit d'un commentaire composé pour les séries générales et de « *deux ou trois questions d'analyse, d'interprétation ou de commentaire* » pour les séries technologiques.

→ Commentaire littéraire

SERIES GENERALES
L, ES ET S
Durée : 4 h
Cœfficient : 3 série L
2 séries S et ES.
Support : un texte littéraire d'une vingtaine de lignes
Modalités :
Première partie (4 points) : 2 ou 3 questions d'observation.
Deuxième partie (16 points) : un commentaire composé.

→ Etude littéraire

SERIES TECHNOLOGIQUES
STT, STL, SMS, STI
Durée : 4 h
Cœfficient : 2
Support : un texte littéraire d'une vingtaine de lignes
Modalités :
Première partie (8 points) : 2 ou 3 questions d'observation.
Deuxième partie (12 points) : 2 ou 3 questions d'analyse, d'interprétation ou de commentaire.

2 Le texte d'étude

« *L'épreuve porte sur un texte, relevant des divers genres littéraires (poésie, théâtre, récit, littérature d'idées...). La dimension du texte est d'une vingtaine de lignes ou de vers (sans exclure pourtant le sonnet ni, le cas échéant, un extrait d'une quarantaine de lignes d'une pièce de théâtre). Le texte ne doit comporter aucune coupure. Il est accompagné de toutes les références et indications indispensables (titre de l'œuvre, date de sa publication, notes éventuelles et, si besoin est, indications sur le contexte précis dans lequel le passage prend sens).* »

Concernant le choix et la présentation du texte, les nouvelles instructions reprennent en partie celles de 1983, reproduites dans la brochure *Baccalauréat de l'enseignement du second degré*.

● Les *Instructions* de 1983 justifiaient ainsi la longueur du texte : « Un texte trop court contraindrait le commentaire à une minutie exténuante. Trop long, il mettrait le candidat dans l'impossibilité d'accorder à son style et au détail de l'expression l'attention précise que requiert la lecture d'un texte littéraire. »

● Le texte ne doit pas être coupé. Les anciennes *Instructions* en donnaient la raison, qui demeure bien entendu valable pour la nouvelle épreuve : « Une coupure en déchirerait la trame et rendrait aléatoire toute analyse des effets littéraires. »

● Références et informations sont fournies avec le sujet. En effet, le texte « doit pouvoir être compris et apprécié sans que soit nécessaire la connaissance de l'œuvre dont il est tiré », ainsi que le précisaient les *Instructions officielles* pour le commentaire composé.

On note, en revanche, une évolution dans les critères de sélection des textes. Jadis, les *Instructions* invitaient simplement à choisir le texte « en raison de sa qualité littéraire ». Il est désormais fait mention des divers genres littéraires parmi lesquels le texte pourra être sélectionné. L'accent est ainsi mis sur la cohérence entre les épreuves du baccalauréat et l'enseignement du français au lycée. A la rubrique « Perspectives de lecture », les *Instructions* pour la classe de seconde précisent en effet que :

« [...] dans l'étude des œuvres, la référence aux formes, spécialement aux genres littéraires (roman, théâtre, poésie, etc.), est essentielle. Elle permet aux élèves de réfléchir sur des aspects particuliers de la création littéraire (structures, techniques, langages), de mieux identifier un type d'écriture, d'apprécier les choix que fait un écrivain, en fonction des contraintes qui, à une époque donnée, s'attachent à un genre, pour s'y soumettre ou pour s'en libérer, enfin de percevoir l'évolution d'un genre littéraire, ses moments de gloire, ses constantes, ses modifications de forme et de contenu. »

Brochure C.N.D.P., *Français, classes de seconde, première et terminale*, p. 16.

On remarque enfin que la catégorie des textes appartenant à la littérature d'idées est commune au commentaire/étude littéraire (deuxième sujet) et à l'étude d'un texte argumentatif (premier sujet). Si la méthode d'analyse est sensiblement différente, les questions portant sur « le système énonciatif [...] l'organisation lexicale, la structure logique et rhétorique » (*B.O.*, 28 juillet 1994) figurant dans la première partie de l'étude d'un texte argumentatif, peuvent se concevoir également dans le cadre du commentaire ou de l'étude littéraires.

3 La première partie de l'épreuve

• Des questions d'observation

Que ce soit pour le commentaire ou l'étude littéraire, la première partie de l'épreuve consiste en « *deux ou trois questions d'observation du texte* » :

« *Ces questions sont avant tout de l'ordre du repérage et de l'examen méthodique. Elles ont pour fin de guider l'investigation et d'ouvrir des perspectives sur le fonctionnement et l'interprétation du texte, qui seront pris en compte dans la seconde partie de l'épreuve.*

Les réponses à ces questions doivent être entièrement rédigées. »

Bien que la première partie de l'épreuve soit strictement définie dans les mêmes termes pour les séries générales et technologiques, on peut supposer que le nombre de points qui lui est attribué (du simple au double) aura une incidence sur le nombre et/ou l'ampleur des questions posées. Celles-ci appeleront des réponses un peu plus étoffées dans les séries technologiques où l'effort de travail du candidat est appelé à se répartir de façon plus équilibrée entre les deux parties de l'épreuve.

Dans tous les cas, les « questions d'observation » visent à attirer l'attention du candidat sur un certain nombre d'indices textuels. Elles mettent en œuvre et reconnaissent officiellement l'idée selon laquelle la lecture méthodique prépare au commentaire. Ces questions favorisent une approche analogue à la démarche initiale de la lecture méthodique : « l'observation objective, précise, nuancée des formes ou des systèmes de formes » (*Instructions pour les classes de seconde*, p. 17).

La première partie de l'épreuve fait donc appel à des modes de questionnement et d'investigation en continuité avec ceux de la lecture méthodique telle que le candidat a eu l'occasion de la pratiquer durant sa scolarité, aussi bien au collège qu'au lycée. Les questions de repérage, préparatoires à l'interprétation du texte, doivent être comprises non pas comme des directives de lecture, mais comme des directions d'observation. Il est laissé au candidat toute liberté de compléter et d'approfondir l'examen méthodique du texte, en vue de répondre à la deuxième partie de l'épreuve.

4 La deuxième partie de l'épreuve

• Un commentaire composé (séries générales)

1) La suppression du libellé

La dénomination de « commentaire composé », qui renvoie à un exercice codifié, subsiste, mais uniquement pour la deuxième partie du commentaire littéraire. Il est donc logique que le commentaire composé soit défini dans les même termes que par le passé :

« *Il doit répondre aux principes généraux de l'exercice, c'est-à-dire présenter avec ordre un bilan de lecture organisé de façon à donner force au jugement personnel qu'il prépare et qu'il justifie.* »

Les objectifs du commentaire composé de la nouvelle épreuve demeurent identiques à ceux de l'ancienne. Le candidat devra se montrer capable :

- d'observer des faits textuels en vue de leur interprétation ;
- de produire et de justifier une lecture personnelle du texte ;
- d'organiser les analyses et les commentaires ;
- de rédiger un texte.

L'exercice permet d'évaluer des capacités du même ordre mais selon des modalités sensiblement différentes : les questions d'observation de la première partie remplacent l'ancien libellé du commentaire composé, ainsi défini dans les *Instructions* de 1983 :

« Le *libellé du sujet* a pour fin de faciliter les démarches du candidat. On lui suggère non un plan à suivre mais quelques points de départ pour une lecture efficace. On attire son attention sur tels caractères de la facture du texte dont l'examen peut conduire à mieux saisir ses significations essentielles. Ces indications ne peuvent être exhaustives. Elles ne sont à aucun degré impératives ou contraignantes. Elles laissent au candidat toute liberté d'orienter autrement sa lecture, de l'ordonner, de l'élargir, de l'approfondir selon le sentiment qu'il a du texte. »

Les *Instructions* de 1994 précisent que le « *commentaire ne fait pas l'objet d'un libellé particulier* ». On reconnaît néanmoins dans les deux parties de la nouvelle épreuve les deux étapes jadis comprises dans le seul libellé.

Désormais, il est simplement demandé au candidat de faire un commentaire composé du texte, sans préjuger de quelque piste de lecture ou suggestion d'organisation que ce soit. Les orientations d'études, anciennement contenues dans le libellé, sont ainsi, effectivement, laissées à l'initiative du candidat.

Les réponses aux « questions d'observation » pourront néanmoins lui permettre d'acquérir « quelques points de départ » qu'il pourra, au besoin, réinvestir à sa guise, et selon la formulation de son choix, dans le commentaire. La première partie de l'épreuve remplit les fonctions du libellé à cette différence essentielle près que le libellé énonçait des pistes, tandis que les questions incitent le candidat à les construire.

Cette modification a une incidence directe sur l'initiative laissée au candidat. La suppression du libellé met fin à la possible confusion entre suggestion de lecture et contrainte : inviter les candidats à « rendre compte de [leur] lecture personnelle » tout en leur suggérant des axes de lecture, n'allait pas sans ambiguïté. Il n'était pas toujours aisé de distinguer pistes indicatives et pistes impératives, d'autant que les libellés variaient dans leurs critères de formulation (degré de précision, rappel des instructions, modalisation de l'énoncé des pistes de lecture). En l'absence de pistes de lecture, le candidat est donc invité à concentrer son attention sur le texte et non sur le libellé et le bon usage qu'il convient d'en faire.

2) Le plan du commentaire composé

Concernant le plan du commentaire composé, les *Instructions* sont à la fois précises et souples. Si le candidat est censé connaître et mettre en œuvre les principes généraux du commentaire composé, il est également incité à choisir entre plusieurs logiques de plan :

« Plusieurs types de présentation sont possibles selon la nature du texte. Le candidat peut par exemple s'attacher à caractériser le texte en allant de l'observation à l'interprétation. Il peut reconstruire les étapes successives de la lecture et de la découverte. Il peut encore s'inspirer des structures mêmes du texte et de sa composition ou organiser son commentaire d'après les effets qui s'y développent.

Seule est exclue une présentation qui distinguerait artificiellement entre le fond et la forme, ou bien encore qui ferait se succéder au fil du texte, sans lien entre elles et sans perspective, des remarques ponctuelles et discontinues.

Un commentaire ne saurait consister en une poussière de remarques. »

Cette liberté de disposition interprète souplement la codification du commentaire composé : seule le quatrième type de plan évoqué — « organiser le commentaire d'après les effets qui s'y développent » — s'accorde à la définition classique du commentaire composé. Les trois autres possibilités décrites et la notion même de choix entre plusieurs logiques de présentation, correspondant autant à l'esprit de la lecture méthodique qu'à la lettre du commentaire composé.

3) Commentaire littéraire et lecture méthodique

On reconnaît dans cette approche du commentaire composé, qui octroie au candidat une plus grande liberté tout en exigeant de lui une plus grande responsabilité méthodologique, une influence directe de la lecture méthodique sur cette nouvelle épreuve du baccalauréat.

La double opération en jeu dans la lecture méthodique (« observation objective, précise, nuancée des formes ou des systèmes de formes » et « construction progressive d'une signification », *I.O.*, classes de seconde, pp. 17-18) se retrouve dans le commentaire littéraire, matérialisée par les deux parties de l'épreuve : la première stimule et guide « l'investigation » en attirant l'attention du candidat sur les repérages et observations indispensables à la compréhension littérale et littéraire du texte. Elle prépare, tant du point de vue des résultats obtenus (les acquis pourront servir de tremplin pour le commentaire) que de la forme exigée (les réponses aux questions doivent être rédigées), à la deuxième partie de l'épreuve. La première suggestion de plan — « *caractériser le texte en allant de l'observation à l'interprétation* » — épouse, d'ailleurs, la démarche même de l'épreuve.

Le nouveau commentaire composé, tout en maintenant les traditionnelles règles de mise en forme de l'exercice, exige du candidat qu'il construise sa lecture et en organise les résultats selon une logique qui fait la preuve d'une réflexion sur le texte comme sur les moyens d'élaboration des analyses. Il s'agit de livrer conjointement le produit de la lecture en même temps que son processus. Le second type de plan, invitant le candidat à « *reconstruire les étapes successives de la lecture et de la découverte* » sous-entend que le commentaire composé est

« une explication de texte consciente de ses démarches et de ses choix » (I.O., classes de première), autrement dit une lecture méthodique.

Relevant de nombreux points de convergence entre la lecture méthodique et le commentaire composé, Alain Pagès distinguait néanmoins ces deux exercices ainsi : « un choix ouvert entre plusieurs possibilités, d'un côté, une codification relativement rigide, d'un autre côté » (Alain Pagès, « A propos de la lecture méthodique (I) », *L'Ecole des Lettres II*, n° 2, 1989-90, p. 10). Il semble que le commentaire littéraire se distingue de moins en moins de la lecture méthodique, exercice oral auquel il offre un répondant écrit. Ainsi conçue, la nouvelle épreuve, qui cherche à harmoniser lecture méthodique et commentaire composé, s'inscrit bien « *dans le prolongement des instructions officielles concernant les classes de seconde et de première, qui restent en vigueur* » : le commentaire littéraire confirme et affermit les orientations apportées par la lecture méthodique à l'étude des textes au lycée.

Des questions d'analyse, d'interprétation ou de commentaire (séries technologiques)

La deuxième partie de l'étude littéraire, qui consiste en « deux ou trois questions d'analyse, d'interprétation ou de commentaire » est ainsi définie :

> *« Cette partie de l'épreuve vise à susciter une réflexion personnelle sur le texte ou sur tel ou tel de ses aspects. Elle appelle la rédaction de développements composés. »*

La seconde partie se présente à la fois comme une version fragmentée du commentaire composé des sections générales et comme un complément à la première partie de l'épreuve, dont il convient d'autant plus de la distinguer, qu'elle pourrait — du fait du questionnaire qui leur est commun — se confondre avec elle.

En ce qui concerne ce dernier point, les termes d'« analyse, d'interprétation ou de commentaire » sont ici complémentaires de ceux d'« observation », « repérage » et « examen méthodique » utilisés pour caractériser la nature des questions posées dans la première partie. L'ensemble de l'épreuve mime ainsi le mouvement de la lecture méthodique : de l'observation raisonnée des formes (première partie) à la construction du sens (deuxième partie). Après avoir été guidés dans le repérage des principales caractéristiques du passage, les candidats sont incités à approfondir l'étude de tel ou tel aspect du texte.

Le principe d'une lecture se construisant par l'intermédiaire de questions préside à la conception de l'étude littéraire. De ce fait, la part d'autonomie laissée au candidat — ou exigée de lui — est certainement moins grande que pour le commentaire composé. Cette épreuve s'inspire néanmoins des mêmes modalités que celle du commentaire littéraire, notamment en ce qui concerne l'exigence de « composition ». Mais le candidat n'ayant pas à prendre en charge l'organisation d'un commentaire d'ensemble, fera porter son effort de composition sur des unités plus brèves. Il s'efforcera de développer, à l'instigation des questions qui lui sont posées, ce qui pourrait constituer un pan du commentaire composé : une partie, par exemple, organisée au moyen de sous-parties.

METHODOLOGIE

METHODOLOGIE

Les conseils méthodologiques portent sur la réalisation de l'épreuve elle-même et plus largement sur sa préparation, la réussite le jour de l'examen étant directement liée à un apprentissage progressif et méthodique de l'étude des textes et de la rédaction.

1 La découverte du texte

Les *Instructions officielles* pour la classe de seconde définissent la lecture méthodique comme « *une lecture réfléchie qui permet aux élèves d'élucider, de confirmer ou de corriger leurs premières réactions de lecteurs* ». Il est également rappelé que « *la rencontre avec les textes littéraires a pour fin d'aiguiser le plaisir de la lecture individuelle et de susciter [notamment] une réflexion personnelle [...]* ». Dans le même esprit, le commentaire composé du baccalauréat fait appel au « *jugement personnel* » du candidat. Les premières réactions de lecteur, la réflexion personnelle et enfin le jugement motivé sur le texte constituent trois étapes du processus de lecture.

On ne saurait trop souligner l'importance du premier contact avec le texte, lorsque se forment les impressions de lecture, les réactions spontanées et les premières associations d'où naissent des hypothèses de sens qui pourront servir de point de départ pour une étude plus approfondie. Il convient donc d'accorder à ce moment privilégié de la découverte du texte toute sa valeur, en notant, sans souci d'organisation à ce stade, les remarques qui viennent à l'esprit.

2 L'examen méthodique du texte

L'examen méthodique du texte gagnera à être amorcé de façon autonome : ce n'est pas une perte de temps mais un bon moyen d'asseoir la lecture personnelle et de préparer ainsi la deuxième partie de l'épreuve. On pourra, quel que soit le texte, s'interroger avec profit sur le paratexte, le genre littéraire auquel appartient le passage, le ou les types de texte qui y sont représentés et enfin, sur l'énonciation .

Lire le paratexte

Le paratexte (préfixe du grec para-, au sens de « à côté de ») désigne tout texte entourant le texte principal. On distinguera le paratexte choisi par l'auteur (titre de l'œuvre dont le passage est extrait) des informations fournies dans le cadre de l'examen : introduction situant le texte, notes explicatives.

1) Les titres

Lorsque le texte proposé comporte un titre, dans le cas d'un poème, par exemple, on s'interroge sur sa signification : dans quelle direction oriente-t-il la lecture du poème ? En éclaire-t-il le sens ?

Un poème de Cendrars, intitulé « Tu es plus belle que le ciel et la mer », commence par ce vers : « Quand tu aimes il faut partir », créant un rapport de sens paradoxal entre l'affirmation du titre et l'injonction du poème.

Le titre de l'œuvre à laquelle est emprunté le texte fournit également un ensemble d'informations précieuses pour la compréhension du passage.

• Les titres peuvent renseigner sur le contenu de l'œuvre : *A la recherche du temps perdu* de Marcel Proust, *Splendeurs et Misères des courtisanes* de Balzac, *Le Médecin malgré lui* de Molière...

• Ils peuvent renseigner sur son genre littéraire ou sur sa forme : *Petits Poèmes en prose* de Baudelaire, *Maximes* de La Rochefoucauld, *Pensées* de Pascal...

• Certains titres donnent des indications relatives à la fois au contenu et à la forme de l'œuvre : *Anicet ou le Panorama roman* d'Aragon, *Mémoires d'une jeune fille rangée* de Simone de Beauvoir...

Outre sa fonction de désignation et d'identification, le titre entre en relation avec le texte, l'un pouvant éclairer la signification de l'autre. Ainsi ce passage de *L'Etranger* d'Albert Camus :

Le soir, Marie est venue me chercher et m'a demandé si je voulais me marier avec elle. J'ai dit que cela m'était égal et que nous pourrions le faire si elle le voulait. Elle a voulu savoir alors si je l'aimais. J'ai répondu comme je l'avais déjà fait une fois, que cela ne signifiait rien mais que sans doute je ne l'aimais pas. « Pourquoi m'épouser alors ? » a-t-elle dit. Je lui ai expliqué que cela n'avait aucune importance et que si elle le désirait, nous pouvions nous marier.

Dans cette étrange scène de demande en mariage, les rôles de l'homme et de la femme sont inversés. En raison d'un décalage entre ses propos et ses actes, Meursault, le héros, nous apparaît comme étranger à lui-même.

2) La date de l'œuvre, le nom de l'auteur

La date de l'œuvre permet de situer le livre dans une époque et de mobiliser un ensemble de références littéraires de nature à éclairer l'enjeu et la portée du texte. *L'Etranger* de Camus, publié en 1942, la même année que *Le Mythe de Sisyphe* (essai philosophique) est un récit de fiction influencé par l'existentialisme. Le passage cité traduit, à travers l'indifférence du personnage, le sentiment de l'absurde.

Dans un tout autre registre, l'originalité d'un sonnet amoureux de Du Bellay ou de Ronsard ne pourra être pleinement appréciée que si l'on fait la part des *topoï* poétiques courants au XVIe siècle. On ne s'étonnera pas, par exemple, des métaphores de l'amant prisonnier ou de la femme, astre rayonnant, directement héritées de Pétrarque.

On s'interrogera en revanche sur les variations apportées par le poète au motif. Ainsi ces quatrains, appartenant à des sonnets différents, tous deux de Ronsard :

Ces deux yeux bruns, deux flambeaux de ma vie,
Dessus les miens foudroyant leur clarté,
Ont esclavé ma jeune liberté,
Pour la damner en prison asservie.

Amours, 1552.

Doux cheveux, doux présent de ma douce Maitresse,
Doux liens qui liez ma douce liberté,
Doux filets où je suis doucement arresté,
Qui pourriez adoucir d'un Scythe la rudesse.

Amours diverses, 1578.

Le premier quatrain, décasyllabique, construit explicitement la métaphore de l'amant prisonnier en termes extrêmes : « esclaver » (rendre esclave), « damner », « asservie ». Dans la tradition de l'amour courtois, le poète emprunte au modèle de la relation féodale la posture de l'amoureux, vassal de sa suzeraine maîtresse.

Le deuxième quatrain, en alexandrins, recourt à la même métaphore mais enrichie par celle des cheveux qui, comparés aux liens qui retiennent le poète prisonnier, ajoutent une dimension sensuelle, absente du premier quatrain.

Enfin, on comprendra mieux l'évolution de la métaphore dans la poésie amoureuse moderne, si l'on a à l'esprit celles que nous venons de voir. Dans *L'Union libre*, André Breton, reprenant le comparant « chevelure » l'associe à un comparé inattendu, « le feu de bois ». Suit une série de métaphores insolites dont la puissance poétique naît de l'écart entre le comparant et le comparé :

Ma femme à la chevelure de feu de bois
Aux pensées d'éclairs de chaleur

A la taille de sablier
Ma femme à la taille de loutre entre les dents du tigre [...]

« Ma femme », *L'Union libre*, 1931.

Interroger les textes en fonction de leur genre

Les *Instructions officielles* pour la classe de première précisent que « *les différents types de textes [...] appellent des méthodes différentes de lecture* » et que la lecture méthodique « *adapte à chacun des genres de discours ou types de textes ses outils d'analyse* ». De son côté, le texte régissant l'épreuve du baccalauréat invite le candidat à déterminer le plan de son commentaire en fonction du texte : « *plusieurs types de présentation sont possibles selon la nature du texte* ». Il est également précisé que le texte d'étude sera emprunté à divers genres littéraires : poésie, théâtre, récit, littérature d'idées...

Identifier le genre auquel appartient le texte est donc l'une des premières étapes de la lecture, dans la mesure où les différents genres appellent une approche spécifique.

Le classement par genres littéraires remonte à l'Antiquité mais n'a cessé d'évoluer au cours de l'histoire. Aristote distinguait tragédie/épopée/comédie/parodie. A l'époque romantique, la distinction lyrisme/épopée/drame correspond aux trois principaux genres auxquels nous nous référons aujourd'hui : la poésie, le roman et le théâtre.

Le classement par genres permet de distinguer des ensembles de textes, régis par des conventions littéraires différentes qui déterminent le rapport de l'écrivain et du lecteur au texte. Cette classification compte de nombreux sous-genres.

1) La poésie

On distingue traditionnellement : la poésie épique (rapportant des faits héroïques), lyrique (centrée sur l'expression du sentiment personnel), didactique (comportant une dimension morale ou philosophique) et dramatique (théâtre).

La poésie a connu d'importantes évolutions formelles, particulièrement dans la seconde moitié du XIXe siècle qui voit l'éclosion de formes poétiques nouvelles. Alors que la poésie se distinguait jusque-là de la prose par le recours à la versification régulière (le sonnet, la ballade ...), la poésie moderne est marquée par l'apparition du poème en prose et du vers libre.

Questions pour la poésie

● La forme poétique :
Est-elle régulière ou libre ? S'agit-il d'un poème à forme fixe ? Quel est le mètre utilisé ? Combien de strophes peut-on distinguer ? S'il s'agit d'un poème en prose, à quoi reconnaît-on son appartenance au genre poétique ?

● L'organisation sonore :
Repérer les rimes, assonances, allitérations, anaphores ; identifier les jeux sur le son et le sens (paronymes, homonymes ...)

● Le rythme :
Placer les accents, repérer les variations et discordances entre l'unité métrique et l'unité syntaxique.

● Les images :
Relever les métaphores, comparaisons, métonymies, oxymores ...

CHANSON D'AUTOMNE

Les sanglots longs
Des violons
De l'automne
Blessent mon cœur
D'une langueur
Monotone.

Tout suffocant
Et blême, quand
Sonne l'heure,
Je me souviens
Des jours anciens
Et je pleure ;

Et je m'en vais
Au vent mauvais
Qui m'emporte
Deçà, delà,
Pareil à la
Feuille morte.

Paul Verlaine, *Poèmes saturniens*, 1866.

Ce poème lyrique fait alterner un mètre pair (quatre syllabes) et un mètre impair (trois syllabes) dans les vers décalés à droite. Il comporte trois strophes.

L'organisation sonore est très riche : le mètre bref, qui favorise le retour rapide et fréquent de la rime, explique pour une part l'intense musicalité de ce poème à laquelle contribue également le savant agencement des assonances en /ã/, /õ/, /ọ/ et /ǫ/ qui appellent et rappellent les rimes.

Le rythme, à la fois régulier du point de vue de l'accentuation, et irrégulier du fait des discordances entre rythme et syntaxe (v. 8, v. 17) traduit bien l'alliance de la monotonie et de la suffocation.

La personnification des violons et la comparaison du poète à une « feuille morte » transmettent l'image d'un moi empli de mélancolie.

2) Le théâtre

On distinguera :

– la tragédie classique à la codification très stricte (règle des trois unités, cinq actes, en vers) qui met en scène des personnages d'un rang élevé affrontant un destin funeste ;

– la comédie , en vers ou en prose, en un, trois ou cinq actes, mettant en scène des personnages de condition modeste, dont les actions connaîtront un dénouement heureux ;

– le drame (drame bourgeois de Diderot ou de Beaumarchais, drame romantique de Hugo), qui s'émancipe des règles du théâtre classique, accueille une variété de registres et de tons.

Questions pour le théâtre

● **Le langage théâtral :**

Distinguer répliques et didascalie ; aparté , monologue , tirade , dialogue. Comment s'opère l'enchaînement des répliques ? Quel est le registre de langue utilisé ?

● **La communication au théâtre :**

Comment fonctionne le quiproquo ? Quel peut être le rôle d'un récit ? Comment reconnaît-on une scène d'exposition , de dénouement ? Quelles sont les différentes formes que peut prendre le théâtre dans le théâtre ?

● **L'action :**

– les personnages : sexe, âge, rang social ? S'agit-il d'un personnage-type ? Quelles passion est incarnée par le personnage ? Quels sont ses conflits ? Quel rapport psychologique, symbolique, hiérarchique, unit un personnage à un autre ?

– les lieux : quels sont ceux qui sont représentés ? évoqués ?
– le temps : quelle est la durée de l'action ? A quelle époque se déroule la pièce ?

M. JOURDAIN. — Voyez l'impertinente de parler de la sorte à un *mamamouchi*.
Mme JOURDAIN. — Comment donc ?
M. JOURDAIN. – Oui, il me faut porter du respect maintenant, et l'on vient de me faire *mamamouchi*.
Mme JOURDAIN. — Que voulez-vous dire avec votre *mamamouchi* ?
M. JOURDAIN. — *Mamamouchi*, vous dis-je. Je suis *mamamouchi*.
Mme JOURDAIN. — Quelle bête est-ce là ?
M. JOURDAIN. — *Mamamouchi*, c'est-à-dire en notre langue, paladin.
Mme JOURDAIN. — Baladin ? Etes-vous en âge de danser des ballets?
M. JOURDAIN. — Quelle ignorante ! Je dis paladin : c'est une dignité dont on vient de me faire la cérémonie.

Molière, *Le Bourgeois gentilhomme*, 1670.

On reconnaît au comique de la scène (comique de mots et de caractère) un dialogue de comédie. Le registre de langue utilisé par Mme Jourdain est sensiblement plus familier que celui de son mari, qui s'efforce ici de marquer sa supériorité nouvellement acquise. L'enchaînement des répliques repose sur l'alternance des questions et des réponses. L'interrogatoire de Mme Jourdain met en évidence la suffisance de son mari.

C'est sur le mot « *mamamouchi* » que repose essentiellement le comique de cet échange. La répétition du vocable aux sonorités exotiques, son incompréhension par Mme Jourdain, puis la confusion entre les paronymes « baladin » et « paladin », ridiculisent M. Jourdain qui n'obtient pas aux yeux de sa femme, le succès escompté, pour le plus grand plaisir du spectateur.

3) Le récit

« Récit » est un terme englobant pour désigner deux grandes catégories de textes (et un nombre important de genres) dont le trait commun est de raconter des événements.

On distinguera :

– les genres non fictifs : l'autobiographie , le journal , les mémoires ...

– les genres fictifs : le roman (roman épistolaire , policier, populaire...), la nouvelle , le conte...

Questions pour le récit

● **Les composantes de l'histoire :**
Qui sont les personnages ? Que se passe-t-il ? Où et quand se déroule l'action ?

● **L'organisation de la narration :**
Qui raconte ? Qui voit ? Quel est l'ordre de la narration ?

● **Les choix stylistiques :**
Quel est le lexique utilisé ? le registre de langue ? Quelles sont les figures de style ?

J'avais douze ans ; j'étais externe dans cette école dirigée par un prêtre, où j'avais fait ma première communion ; et la chose survint dans la cour de l'école, lors d'une récréation. En pleine course – dans le tohu-bohu d'une partie de barres ou de tout autre jeu – je heurtai l'un de mes camarades qui courait en sens inverse et fut projeté contre un mur, si violemment que je me fendis l'arcade sourcilière jusqu'à l'os. Je restai à genoux – ou à quatre pattes – sur le gravier, tête baissée et saignant en abondance.

Michel Leiris, *L'Age d'homme*, 1939.

Michel Leiris, âgé de trente-huit ans en 1939, rapporte un épisode de son enfance, survenu lorsqu'il avait douze ans. Il s'agit donc d'un texte autobiographique dans lequel l'auteur est aussi le narrateur et le personnage . Après avoir rappelé le contexte dans lequel se déroule l'accident, Leiris rapporte celui-ci en suivant l'ordre chronologique de l'histoire. La narration, concise et sobre, s'efforce d'évoquer les événements tels qu'ils ont réellement eu lieu. Les incertitudes de la mémoire se traduisent néanmoins par des approximations : « une partie de barres ou de tout autre jeu », « à genoux – ou à quatre pattes »...

4) La littérature d'idées

Expression large pour désigner tous les textes dont l'intention de communication est essentiellement de transmettre des savoirs et/ou d'influencer l'opinion du lecteur.

Elle comprend des textes philosophiques, manifestes, essais, pamphlets, textes polémiques…

Questions pour la littérature d'idées

- **Les nuances de l'intention de communication :**
le texte vise-t-il à augmenter les savoirs du récepteur ? à convaincre ? à attaquer ? à riposter ?…
- **L'organisation du discours :**
Existe-t-il une thèse (implicite ou explicite) ? Quels sont les arguments utilisés ? Quelles sont les principales articulations logiques ?
- **L'art de persuader :**
Quelle est la stratégie argumentative de l'auteur : feindre la neutralité, se poser en s'opposant, devancer l'argumentation adverse… ?

Divertissement. — Quand je m'y suis mis quelquefois à considérer les diverses agitations des hommes et les périls et les peines où ils s'exposent, dans la cour, dans la guerre, d'où naissent tant de querelles, de passions, d'entreprises hardies et souvent mauvaises, etc., j'ai découvert que tout le malheur des hommes vient d'une seule chose, qui est de ne savoir pas demeurer en repos, dans une chambre. Un homme qui a assez de bien pour vivre, s'il savait demeurer chez soi avec plaisir, n'en sortirait pas pour aller sur la mer ou au siège d'une place. On n'achètera une charge à l'armée si cher, que parce qu'on trouverait insupportable de ne bouger de la ville ; et on ne recherche les conversations et les divertissements des jeux que parce qu'on ne peut demeurer chez soi avec plaisir.

Blaise Pascal, *Pensées*, 1670, fragment 139,
« Misère de l'homme ».

Ce texte philosophique vise à convaincre, par l'intermédiaire du raisonnement, d'une thèse explicitement posée : tout le malheur de l'homme vient de ce qu'il ne peut vivre loin de l'agitation du monde. Trois exemples (l'attrait pour la guerre, l'armée et les mondanités) ayant valeur d'arguments succèdent à l'énoncé de cette thèse qu'ils confortent. La démonstration se fonde essentiellement sur le rapport de cause à conséquence (« parce que ») qui relie l'empressement de l'homme au divertissement à son inaptitude au repos.

Certains genres peuvent être classés dans plusieurs de ces catégories à la fois : le conte philosophique (récit au service de l'illustration d'une thèse), la fable (poème qui, sous la forme d'un récit, illustre une morale) ; la tragédie de Racine nécessite que l'on considère la double dimension poétique et dramatique du texte.

Identifier les types de textes

Le classement par genres n'est pas exclusif du classement par types de textes.

Le classement par types de textes date des années 70 et émane directement des travaux de la linguistique. Des indices textuels spécifiques (visée, structure, temps, lexique) permettent de distinguer quatre types de textes essentiels : le texte narratif, le texte descriptif, le texte explicatif et le texte argumentatif.

Plusieurs types de textes peuvent se rencontrer dans un même écrit, comme c'est le cas dans la fable de La Fontaine, « Le Loup et l'Agneau ».

LE LOUP ET L'AGNEAU

La raison du plus fort est toujours la meilleure,
Nous l'allons montrer tout à l'heure.
Un Agneau se désaltérait
Dans le courant d'une onde pure.

Un Loup survient à jeun qui cherchait aventure,
Et que la faim en ces lieux attirait.
« Qui te rend si hardi de troubler mon breuvage ?
Dit cet animal plein de rage :
Tu sera châtié de ta témérité.
— Sire, répond l'Agneau, que Votre Majesté
Ne se mette pas en colère ;
Mais plutôt qu'elle considère
Que je me vas désaltérant
Dans le courant,
Plus de vingt pas au-dessous d'Elle,
que par conséquent, en aucune façon,
Je ne puis troubler sa boisson.
— Tu la troubles, reprit cette bête cruelle,
Et je sais que de moi tu médis l'an passé.
— Comment l'aurais-je fait si je n'étais pas né ?
Reprit l'Agneau ; je tète encore ma mère.
— Si ce n'est toi, c'est donc ton frère.
— Je n'en ai point. — C'est donc quelqu'un des tiens :
Car vous ne m'épargnez guère,
Vous, vos bergers et vos chiens.
On me l'a dit : il faut que je me venge. »
La-dessus, au fond des forêts
Le Loup l'emporte, et puis le mange
Sans autre forme de procès.

Jean de La Fontaine, *Fables*, Livre I, 1668.

1) Le texte narratif

Le texte narratif rapporte des événements réels ou fictifs. Il s'organise dans le temps au moyen de connecteurs de temps (lorsque, soudain, puis...), de termes ou expressions indiquant une progression (la première fois, enfin, donc...), de verbes exprimant le début ou la fin d'une action (cesser de, se résoudre à, commencer...).

Le passé simple et/ou le présent de narration sont les temps verbaux les plus souvent utilisés dans le texte narratif.

Le vers 5 et les trois derniers vers du « Loup et l'Agneau » constituent des séquences narratives au présent de narration.

2) Le texte descriptif

Le texte descriptif décrit un objet, un lieu ou un être, réels ou fictifs, qu'il situe dans l'espace, au moyen d'indicateurs de lieu : adverbes et locutions adverbiales (en bas, de l'autre côté, tout le long de...), prépositions (sous...), verbes exprimant un rapport à l'espace (s'enfoncer, sortir...).

L'objet décrit est détaillé au moyen de groupes nominaux et qualifié par des adjectifs, compléments de noms, subordonnées relatives.

L'imparfait (dans un contexte au passé) ou le présent sont les temps les plus fréquents du texte descriptif.

La description s'insère souvent dans un texte narratif.

Les vers 3 et 4 constituent une brève séquence descriptive : le décor de la fable est posé.

3) Le texte argumentatif

Le texte argumentatif développe un point de vue ou une thèse au moyen d'arguments et d'exemples. Sa structure est dynamique : il évolue en général de la thèse refusée (explicite ou implicite) à la thèse posée, au moyen d'un processus d'argumentation.

On le reconnaît à la présence d'articulations logiques (car, donc, cependant...) permettant de relier les idées entre elles et d'organiser l'argumentation.

Bien que l'énonciateur puisse, pour mieux convaincre, feindre la neutralité, l'énonciation du texte argumentatif exprime le plus souvent l'opinion ou l'humeur de l'énonciateur.

Les champs lexicaux s'organisent généralement en fonction de la thèse refusée et de la thèse posée.

Le dialogue entre le loup et l'agneau consiste en un échange d'arguments : l'agneau cherche à prouver au loup, au moyen d'arguments logiques imparables, qu'il n'a pu « troubler son breuvage » ; le loup recourt à une argumentation de mauvaise foi et finit par l'emporter sur son adversaire par la force et non par la supériorité de son argumentation.

4) Le texte informatif-explicatif

Le texte explicatif a en commun avec le texte argumentatif la progression et l'enchaînement logiques, mais il s'en distingue par l'intention de communication, informative et non persuasive : il ne comporte pas de thèse.

Le repérage des différentes séquences textuelles a donc permis de dégager la structure de la fable qui s'ordonne, en outre, dans une langue poétique.

Caractériser l'énonciation

1) Définition

L'énonciation est l'acte de production d'un énoncé. Toute énonciation met en relation un locuteur et un destinataire, dans un temps et un espace donnés.

On appelle indices d'énonciation les marques qui, dans un texte, permettent de repérer et de caractériser les quatre paramètres de l'énonciation :

- les marques de la personne :

– les pronoms personnels : ils permettent de déterminer qui s'adresse à qui, à quel propos ;

– les marques de la subjectivité du locuteur : elles nous renseignent sur son jugement, ses sentiments ;

- les repères spatiaux ;
- les repères temporels.

2) La distinction récit/discours

- Lorsque ces repères se réfèrent à l'univers de l'énonciateur (Je-ici-maintenant), le texte est à l'énonciation de discours .

Le présent d'énonciation et le passé composé sont les principaux temps du discours ;

● Lorsque ces repères se réfèrent à l'univers raconté (Il-hier-là-bas), le texte est à l'énonciation de récit.

Le passé simple et le présent de narration sont les principaux temps du récit.

« Le Loup et l'Agneau » est à l'énonciation de récit, hormis le deuxième vers qui est à l'énonciation de discours (présence du pronom « Nous », mis pour « Je » ; futur proche) : c'est l'auteur qui parle en son nom et désigne sa propre fable.

Le premier vers, au présent de vérité générale, n'appartient ni au récit (univers du loup et de l'agneau), ni au discours (univers du fabuliste).

3) Les marques de la subjectivité de l'énonciateur

Elles permettent de savoir quel type de relation l'énonciateur entretient avec son énoncé (ce dont il parle) et son destinataire (celui à qui il s'adresse).

Dans la fable de La Fontaine, nous comprenons que l'auteur prend le parti de l'agneau grâce aux périphrases péjoratives qu'il utilise à deux reprises pour désigner le loup : « cet animal plein de rage », « cette bête cruelle ». Ces indices nous invitent à ne pas confondre l'énoncé initial de la thèse : « La raison du plus fort est toujours la meilleure », illustrée par l'anecdote, avec l'opinion de La Fontaine qui fait valoir la finesse argumentative de l'agneau et dénonce la force bornée du loup.

Lorsque les marques de la subjectivité sont effacées ou réduites au minimum, le texte donne l'impression de la neutralité, de l'objectivité.

4) Les discours rapportés

● **Discours direct** : lorsque le narrateur cite les paroles des personnages. Elles apparaissent le plus souvent détachées du récit au moyen de guillemets et/ou de tirets. C'est le cas des paroles du loup et de l'agneau rapportées par le narrateur.

● **Discours indirect** : lorsque le narrateur rapporte les paroles d'un personnage (ou les siennes) dans sa propre énonciation et les intègre au récit. Voir le texte d'Albert Camus (p. 20) : « J'ai répondu comme je l'avais déjà fait une fois, que cela ne signifiait rien mais que sans doute je ne l'aimais pas. »

● **Discours indirect libre** : lorsque le narrateur rapporte les propos d'un personnage sans les introduire par un verbe, ni les détacher du reste du récit (passage en romain, dans l'exemple qui suit).

Le soir, quand ils furent seuls, tous les deux, Mme Moreau dit à son fils qu'elle lui conseillait de s'établir à Troyes, avocat. *Etant plus connu dans son pays que dans un autre, il pourrait plus facilement y trouver des partis avantageux.*

Gustave Flaubert, *L'Education sentimentale*, 1869.

Le discours indirect libre permet au narrateur d'introduire les paroles ou les pensées des personnages sans pour autant interrompre le déroulement de la narration.

3 Les questions d'observation

VIEILLE CHANSON DU JEUNE TEMPS

Je ne songeais pas à Rose ;
Rose au bois vint avec moi ;
Nous parlions de quelque chose,
Mais je ne sais plus de quoi.

J'étais froid comme les marbres ;
Je marchais à pas distraits ;
Je parlais des fleurs, des arbres ;
Son œil semblait dire : « après ? »

La rosée offrait ses perles,
Le taillis ses parasols ;
J'allais ; j'écoutais les merles,
Et Rose les rossignols.

Moi, seize ans, et l'air morose.
Elle vingt ; ses yeux brillaient.
Les rossignols chantaient Rose
Et les merles me sifflaient.

Rose, droite sur ses hanches,
Leva son beau bras tremblant
Pour prendre une mûre aux branches ;
Je ne vis pas son bras blanc.

Une eau courait, fraîche et creuse,
Sur les mousses de velours ;
Et la nature amoureuse
Dormait dans les grands bois sourds.

Rose défit sa chaussure,
Et mit, d'un air ingénu,
Son petit pied dans l'eau pure ;
Je ne vis pas son pied nu.

Je ne savais que lui dire ;
Je la suivais dans le bois,
La voyant parfois sourire
Et soupirer quelquefois.

Je ne vis qu'elle était belle
Qu'en sortant des grands bois sourds.
« Soit ; n'y pensons plus ! » dit-elle.
Depuis j'y pense toujours.

Victor Hugo, *Les Contemplations*, 1856.

Nature des questions

Les questions d'observation peuvent porter sur l'ensemble des points évoqués à la rubrique 2, « L'examen méthodique du texte », p. 19. Identifier la nature des questions permet d'y répondre avec la précision attendue.

Question portant sur le genre

Question a) Quelles sont les principales caractéristiques formelles de ce poème ?

« Vieille chanson du jeune temps » est un poème heptasyllabique en rimes croisées, de neuf strophes.

Question portant sur le type de texte

Question b) Quels sont les deux principaux temps utilisés dans ce poème ? Quelle est leur valeur ?

L'imparfait et le passé simple sont les deux principaux temps utilisés dans ce poème. Ils permettent, en alternance, de distinguer l'arrière-plan du récit (actions secondaires, descriptions), à l'imparfait, du premier plan, au passé simple (actions principales).

Questions portant sur l'énonciation

Question c) Relevez deux vers à l'énonciation de discours.

Le vers 4 et le dernier vers sont au présent d'énonciation. Ils permettent, par contraste avec le récit, de mesurer la distance qui sépare le temps évoqué (l'adolescence) du moment de l'évocation (la maturité). Le vers 4 insiste sur l'oubli ; le dernier vers sur le souvenir et leur rapprochement fait apparaître le caractère sélectif de la mémoire.

Question d) Relevez les passages au discours direct : qui rapporte les paroles ? Quel est le personnage dont les paroles sont rapportées ?

On relève deux brefs passages au style direct dans le vers 8 et dans la dernière strophe. Le poème rapporte les propos tenus par Rose ou ceux que le poète lui prête rétrospectivement (v. 8).

La formulation des questions

Les questions peuvent être formulées :

- sous forme de questions

Questions *a)* et *b)*.

- sous forme de consignes

Question *c)*.

- sous forme de questions et/ou de consignes successives : il faut veiller à n'en oublier aucune et à suivre l'ordre proposé, chaque étape nécessitant une réponse différente, bien que complémentaire de la première (voir la question *d)*.

Les questions d'observation impliquent les opérations suivantes : identifier, relever, distinguer ou classer des faits textuels.

• La rédaction des réponses

Les *Instructions* précisent que « *les réponses aux questions doivent être entièrement rédigées* ». Recopier un ensemble d'occurrences, établir des listes de mots ne suffit pas. Rédiger veut dire :

- tenir compte de la question en en reprenant les termes dans la réponse ;
- citer les mots ou expressions du texte entre guillemets ;
- introduire les citations, les intégrer dans la phrase ;
- faire des phrases complètes en excluant les tournures nominales.

4 Les questions d'analyse, d'interprétation ou de commentaire

Exemples de questions

1. En vous appuyant sur des éléments précis du texte et en étant attentif aux principaux procédés d'expression (organisation grammaticale, figures de style, versification, éléments prosodiques...), vous direz comment l'on peut interpréter le titre donné par Hugo à son poème.

Pour répondre à cette question, il faudra considérer l'ensemble du poème. La réponse pourra constituer l'équivalent d'une partie du commentaire composé et doit être organisée selon des règles de composition identiques. Voici un exemple d'introduction et de conclusion à cette question.

Introduction

« Vieille chanson du jeune temps » est un titre oxymorique qui semble opposer la forme du poème au thème qui s'y développe. Quels sont les éléments qui caractérisent les amours adolescentes ? En quoi ce poème s'inscrit-il dans la tradition ancienne de la chanson ?

Conclusion

L'alliance de la thématique du « vert paradis des amours enfantines » (Baudelaire) et de la forme traditionnelle de la chanson confère à ce poème lyrique une dimension universelle.

2. Vous étudierez la dernière strophe (sa composition, ses figures de style, sa tonalité) et commenterez son rôle dans la signification générale du poème.

Cette question porte sur une seule strophe, mais nécessite que l'on étende la portée des analyses et de l'interprétation à l'ensemble du poème.

Il sera possible de s'inspirer du libellé de la question pour ordonner les analyses. Celles-ci pourront porter sur les points suivants :

• La composition de la strophe

Elle mêle trois types d'énonciation, renvoyant à trois temporalités différentes : l'énonciation de récit (temps de l'anecdote), l'énonciation de discours (présent de l'écriture) et discours direct de Rose (présent du passé). Ce relief temporel, propre à la dernière strophe, permet que s'établisse le parallèle entre passé et présent et que s'instaure la distance favorable à la double tonalité nostalgique et ironique du poème.

• La tonalité de la strophe

L'ironie est rendue sensible par des jeux d'opposition entre les termes. A « n'y pensons plus » s'oppose « j'y pense toujours », réponse à distance aux paroles de Rose. La précipitation du dénouement produite par l'ellipse entre les vers 3 et 4 souligne le contretemps dont est victime l'amoureux.

• La conclusion du poème

La dernière strophe conclut brusquement le poème : la rapidité du dénouement, s'opposant aux longs préparatifs de l'anecdote, restitue bien le décalage entre l'attente de la jeune fille et la brusque, mais trop tardive, prise de conscience du jeune homme. L'éternité du souvenir est le châtiment de l'amant maladroit.

Autres questions possibles

– *Vous commenterez l'usage que fait le poète du prénom de la jeune fille, Rose.*

– *Qu'est-ce qui, dans ce poème, vous paraît justifier le terme de « chanson » utilisé par Hugo dans le titre ?*

– *Analysez le rôle joué par la nature dans ce poème.*

– *Vous étudierez et commenterez les différentes figures d'opposition dans ce poème.*

5 Le commentaire composé

Le commentaire composé, comme son nom l'indique, comporte :

- un développement composé de parties organisées (deux minimum, quatre maximum et de préférence trois) comportant chacune deux ou trois sous-parties ;
- une introduction et une conclusion matériellement séparées du développement par une ou deux lignes.

Le plan du commentaire composé

Les *Instructions officielles* précisent que plusieurs types de présentation sont possibles. Voici quatre exemples de plans pour le commentaire composé de « Vieille chanson du jeune temps », qui distribuent les contenus de l'analyse selon différentes logiques :

a) « caractériser le texte en allant de l'observation à l'interprétation »

I – Un récit d'adolescence
- les personnages
- la nature
- l'organisation de la narration

II – Une poésie du souvenir
- la mémoire sélective
- l'expression de la nostalgie

III – Un poème d'humour
- la prise de distance ironique
- l'art de la composition

b) « *reconstruire les étapes successives de la lecture et de la découverte* »

I – « Vieille chanson...
- la tradition poétique de la chanson

II – ...du jeune temps »
- un souvenir d'adolescence

III – Chanson pour tous les temps
- du souvenir personnel au thème universel : « Quand je vous parle de moi, je vous parle de vous » (Préface aux *Châtiments*).

c) « s'inspirer des structures mêmes du texte et de sa composition »

I – Narration et description
- premier plan et arrière-plan, une scène et un décor
- le rythme de la narration

II – Les personnages
- Rose et le poète
- une peinture psychologique de l'homme et de la femme

III – Récit et discours
- « autrefois » et « aujourd'hui » (titre des deux parties du recueil *Les Châtiments*)
- la chute du poème

d) organiser le commentaire « *d'après les effets qui s'y développent* »

I – Un poème comme une chanson
- le choix du mètre
- le jeu des sonorités : rimes, reprises des termes
- le chant des oiseaux
- le nom de Rose

II – Un poème comme un tableau
- le décor naturel
- petits croquis de Rose : un art de l'esquisse
- les images : comparaison (v. 5), personnification (v. 23-24)

III – Un poème comme une fable
- un souvenir personnel : poésie lyrique
- la morale de l'histoire : poésie didactique

L'introduction

Elle comporte trois moments, mais un seul paragraphe :

1. situation du texte dans l'œuvre (on peut alors s'appuyer sur l'introduction éventuellement fournie le jour de l'examen), dans le contexte historique ou littéraire, dans le genre ;

2. principales caractéristiques du texte : de quoi parle-t-il (thème principal) ? et comment (ton) ?

3. annonce du plan choisi.

Exemple d'introduction

Bien qu'écrit en 1855, « Vieille chanson du jeune temps » fut placé par Hugo dans la première partie du recueil des Contemplations *(1856), intitulée* Autrefois, *avant la mort de sa fille Léopoldine, en 1843. Le poète évoque en effet, sur un mode lyrique où perce l'ironie, sa maladresse amoureuse d'adolescent. Le poème se présente sous la forme d'un petit récit où l'anecdote personnelle se mêle à l'évocation de la nature. Cette historiette tout en contrastes oppose à la sensualité féminine l'incompréhension de l'adolescent soulignée par le poète. Et en écoutant la chanson des amours que l'on n'a pas su saisir, le lecteur partage avec le poète l'éternité des désirs demeurés désirs.*

La conclusion

1. Bilan de l'analyse : moment synthétique rappelant, en les reformulant différemment, les conclusions partielles des différentes parties, accompagnées d'un jugement personnel.

2. Ouverture : on peut élargir le point de vue sur le texte (et non proposer un autre axe de lecture) en faisant valoir son intérêt par rapport au genre auquel le texte appartient, au contexte historique, à d'autres œuvres de l'auteur sur le même thème...

Exemple de conclusion

Le souvenir du thème épicurien du célèbre poème de Ronsard, « Mignonne allons voir si la rose », semble présent dans le poème de Hugo, à travers le prénom de la jeune fille. Mais il n'est plus temps pour le poète de cueillir les roses de l'amour : l'invitation au carpe diem *(« cueille le jour ») fait place au romantisme nostalgique d'une méditation sur les amours que l'on n'a pas su retenir.*

6 Conseils d'utilisation

La méthodologie de l'épreuve ne prend sens et ne s'éclaire qu'à partir d'exemples. A cet effet, huit textes sont proposés, assortis de questions présentées sous la forme de sujets d'examen. Ils sont suivis de pistes d'études. Les propositions de plan pour le commentaire composé des sections générales figurent après les questions d'analyse des sections technologiques. Les axes de lecture du commentaire composé étant désormais laissés à l'initiative des candidats, ceux-ci pourront s'appuyer sur les questions des séries technologiques pour apprendre à les dégager. Suggérées à la fin, les possibilités de plan apparaissent comme une phase de bilan et de synthèse des réponses aux questions.

L'ensemble est organisé selon un ordre d'apprentissage progressif des notions. Les textes sont classés par genres (récit, théâtre, poésie, texte d'idées) et quatre siècles de littérature (du XVIe au XXe siècle) sont représentés.

Il est bien sûr possible d'utiliser l'ouvrage à son gré, en allant directement aux points et/ou aux textes souhaités. Des compléments notionnels et historiques font suite aux pistes d'études.

SUJETS ET PISTES D'ETUDE

SUJETS ET PISTES D'ETUDE

1 Pistes d'étude

SUJET 1
Louis GUILLOUX (1899-1981)
Le Sang noir, 1935

Merlin, surnommé Cripure, est professeur de philosophie au lycée de Saint-Brieuc pendant la «grande guerre». Hanté par le souvenir de sa femme Toinette qui l'a quitté pour un bel officier, il ouvre une lettre qu'il avait laissé traîner dans sa poche pendant deux mois...

[...] Il tendit le bras, prit la lettre : écriture inconnue, cachet illisible. Il déchira l'enveloppe, déplia la feuille...

Un simple regard, le «Ah !» de qui reçoit un coup mortel, et son bras retomba sur le divan, mou et lourd. La lettre lui échappa. Il la reprit, comme si le contact de ses doigts au papier eût été un gage que tous les liens n'étaient pas brisés, qu'il y avait encore un recours.

Certes, tout n'était pas grandeur dans l'homme, il avait souvent joué à se représenter Toinette vieillie et laide, devenue une bourgeoise toute en noir avec autour du cou un ruban de velours blanc pour soutenir les chairs croulantes, une de ces dames en mie de pain, gantées de laine, qui n'ont même plus la force d'applaudir au Théâtre Municipal le conférencier des Annales en tournée. Dans ses heures les plus noires où l'esprit de vengeance le dominait, il avait joué à se la représenter morte. Mais qu'il y avait loin de ces essayages au coup de la réalité ! Il n'y aurait plus de passé, plus d'avenir hors de cette douleur qui lui sembla n'avoir jamais eu de commencement bien qu'elle ne fît que d'ouvrir en lui ses ruisseaux.

Quelque chose se noua dans sa gorge. Il voulut dégrafer le col de sa chemise : ses doigts engourdis ne purent saisir le bouton. Il ne lutta pas. Il laissa encore une fois retomber sa main. Sa bouche s'entrouvrit. « Ça va passer... Il faut seulement... » Il fallait seulement se faire tout petit, céder, lâcher de la corde : fuir. Mais sa gorge se serra encore. Ses mains, ses bras, son corps tout entier se mit à trembler. « Ce n'est rien. Il faut fuir. Passer en dessous. » Tout en lui voulait que se courbât cette tête. « J'ai fui toute ma vie. »

Mais soudain — il ne s'y attendait pas — survinrent des larmes.

COMMENTAIRE LITTERAIRE

Première partie : 4 points

1. Relevez en les distinguant, deux formes d'ellipse, dans les premières lignes de ce récit. *(2 points)*

2. Observez les principaux temps verbaux utilisés : quel est l'ordre de la narration dans ce texte ? *(2 points)*

Deuxième partie : 16 points

Vous ferez un commentaire composé de ce texte.

ETUDE LITTERAIRE

Première partie : 8 points

1. Par quels moyens la narration instruit-elle le lecteur du contenu de la lettre ? *(4 points)*

2. Etablissez le champ lexical du théâtre dans le troisième paragraphe, en justifiant votre relevé. *(2 points)*

3. En vous appuyant sur le lexique, vous direz quelle est l'image implicite contenue dans le quatrième paragraphe. *(4 points)*

Deuxième partie : 12 points

1. Vous étudierez la progression des sentiments de Cripure. Comment le narrateur les dévoile-t-il ? *(6 points)*

2. Vous analyserez les jeux sur le signifiant du mot « coup ». Quelle dimension de l'écriture révèlent-ils ? *(6 points)*

Commentaire littéraire

Première partie

1) Ellipses

Le début de ce texte se caractérise par un style elliptique, tant au niveau de la phrase que du choix narratif. On distinguera deux formes d'ellipses :

a) La phrase elliptique

L' ellipse consiste en une suppression de mots, qui modifie le rythme et le style de la phrase, mais n'empêche pas la compréhension du sens.

Dans la première phrase du texte, les deux-points remplacent l'expression du rapport logique et chronologique qui unit les deux parties de la phrase. La deuxième partie de la phrase exprime en effet la suite et la conséquence de la première. La nominalisation fait l'économie du verbe. De même, dans « un simple regard, le "Ah !" de qui reçoit un coup mortel... », la phrase juxtapose un syntagme descriptif et un discours rapporté avec ellipse du verbe déclaratif (« il poussa un Ah ! », par exemple).

Cette tournure elliptique, aussi appelée parataxe, dépend d'un choix d'auteur qui devra être interprété dans le commentaire composé. Il contribue notamment à accélérer le rythme de la narration et à traduire syntaxiquement le choc produit par la nouvelle sur le personnage.

La parataxe se caractérise par l'effacement des mots (prépositions, conjonction, verbe copule...) indiquant le rapport qui unit les syntagmes entre eux et plus largement par toute forme d'effacement, morphologique ou lexical.

b) L'ellipse narrative

L' ellipse narrative concerne le déroulement de la narration : l'auteur choisit de ne pas raconter tel ou tel épisode de l'histoire qu'il passe sous silence (ellipse implicite) ou dont il signale l'absence (ellipse explicite).

Dans le texte, bien que l'ellipse narrative ne soit pas explicitement désignée, elle se signale par l'usage des points de suspension à la fin du premier paragraphe. Le narrateur omet d'accompagner la lecture de son personnage et de nous livrer le contenu de la lettre. Cette ellipse permet de raconter la nouvelle de la mort de Toinette du point de vue de son retentissement sur Cripure. C'est pourquoi le paragraphe suivant enchaîne directement avec la réaction de Cripure, qui donne au lecteur des indices sur la nature de la lettre.

2) L'ordre de la narration

L'ensemble du texte est un récit au passé simple : « il tendit le bras », « la lettre lui échappa », « il la reprit », « quelque chose se noua dans sa gorge », « survinrent les larmes »... Le récit est entrecoupé de quelques phrases de discours direct (entre guillemets, au présent d'énonciation ou au passé composé) rapportant les pensées de Cripure.

L' ordre de la narration suit l'ordre chronologique de l'histoire, sauf dans le troisième paragraphe où le plus-que-parfait (« il avait souvent joué », « il avait joué ») évoque une époque antérieure au moment où se situe l'action.

Ce retour en arrière, ou analepse :

- permet au narrateur (et au lecteur) d'établir un parallèle entre la mort de Toinette telle que Cripure avait pu l'imaginer et telle qu'il la vit dans la réalité ;

- opère une digression dans le déroulement de l'histoire et permet ainsi de ralentir le rythme de la narration afin de mieux mettre en valeur le temps qui s'écoule entre le choc de la nouvelle et la réaction douloureuse.

Deuxième partie *voir p. 51*

Etude littéraire

Première partie

1) Les procédés narratifs

On reprendra les éléments de réponses à la question 1 du commentaire littéraire (« Ellipses »), afin de mettre en évidence le caractère elliptique de la narration.

Mais si le contenu de la lettre n'est pas directement communiqué au lecteur, ce dernier le déduit progressivement des réactions de Cripure et de l'implicite de la narration.

L'attitude de Cripure, que la lecture de la lettre fait passer du cri à l'étouffement, puis aux larmes, renseigne indirectement le lecteur sur la teneur de la nouvelle. La mort par deux fois évoquée (« coup mortel », « se la représenter morte ») ne laisse guère de doutes sur la nature de la nouvelle.

La narration recourt à une poétique de la suggestion où tout est dit sans que rien soit jamais explicité. On relève ainsi un exemple de présupposé dans « comme si le contact de ses doigts au papier eût été un gage que tous les liens n'étaient pas brisés, qu'il y avait encore un recours ». La tournure hypothétique (comme si + subjonctif) présuppose en effet que l'inverse de l'hypothèse est vrai : tous les liens sont brisés et il n'y a pas de recours.

2) Le champ lexical du théâtre

On distinguera les termes et expressions qui se rattachent au théâtre par dénotation de ceux qui s'y rattachent par connotation .

Champ lexical de dénotation

« jouer », « théâtre », « tournée ».

« se représenter » : seule la forme non réfléchie (« représenter ») appartient au champ lexical du théâtre. Mais, dans le contexte, le sens intellectuel du réfléchi (s'imaginer par la pensée) revêt le sens littéral de « mettre en scène dans son esprit la mort de Toinette ».

Champ lexical de connotation

« essayage » : évoque le costume.
« coup » : évoque les trois coups au lever du rideau.

3) L'image du quatrième paragraphe

Le vocabulaire de ce paragraphe est centré sur les parties du corps et plus particulièrement sur la tête (« gorge », « col », « bouche », « tête »). La répétition du mot « gorge » associé à des verbes exprimant l'étouffement (« se noua », « se serra »), le mot « col » qui évoque le cou par métonymie et la présence de l'expression « lâcher de la corde » (Toinette n'avait-elle pas *mis la corde au cou* de Cripure, en l'épousant, comme le dit l'expression populaire ?) esquissent l'image du pendu. On dit d'ailleurs, « condamner à la corde » pour envoyer un homme à la pendaison.

Deuxième partie

1) Le dévoilement progressif de la douleur

Le personnage passe par quatre états successifs : tout d'abord le choc qui lui arrache un cri (conformément à son surnom, Cripure), puis la négation de l'effroyable nouvelle : Cripure garde le contact avec la lettre espérant ainsi retenir l'être de Toinette. Peu à peu, la réalité s'imposant à lui (notamment par contraste avec le souvenir de la pensée de la mort de Toinette), Cripure cherche à fuir la douleur. Mais avant qu'il n'ait pu le faire, il est envahi par les larmes.

Le narrateur dévoile les sentiments de son personnage en adoptant une focalisation omnisciente qui lui permet de donner à voir son intériorité, d'établir des parallèles entre ses pensées et ses actions, entre le passé et le présent, entre l'imaginaire et la réalité.

On parle de focalisation omnisciente ou point de vue par en dessus lorsque le narrateur voit l'objet décrit comme s'il était Dieu : il peut tout voir et tout savoir des pensées, des sentiments, des actions des personnages. Sa vision est potentiellement illimitée.

Mais il est fait un usage particulier de la focalisation omnisciente. Le narrateur ne choisit pas toujours d'entrer dans les pensées de Cripure : tantôt il nous montre sa réaction de l'extérieur (au début du texte et au début du quatrième paragraphe), tantôt de l'intérieur. Ce déplacement du point de vue permet de montrer le malaise physique et moral engendré par la mort de Toinette.

A chacun de ces points de vue correspond un style différent. Lorsque Cripure est décrit de l'extérieur, la narration est sèche, rapide. Elle procède par ellipses ou par notations brèves, épousant le rythme du choc physique. Au contraire, lorsque Cripure est vu de l'intérieur, le style devient plus ample avec de longues phrases, comme pour rendre le retentissement infini de la douleur.

2) La fonction poétique de la langue

La fonction poétique de la langue se caractérise par l'intérêt porté à la forme même du langage, au signifiant et aux jeux qu'il autorise.

Le mot « coup » est repris deux fois, au début du texte dans « coup mortel » et au milieu dans « coup de la réalité ». Ces deux expressions désignent, par euphémisme , le contenu de la lettre.

L'importance de ce mot, qui résume l'effet produit par la nouvelle de la mort de Toinette sur Cripure, se traduit par un usage poétique du signifiant « coup » qui assure l'unité d'inspiration entre les trois principaux paragraphes. « Le coup mortel » évoque par un glissement homonymique le « cou » de la morte entouré d'un ruban, qui lui-même appelle l'image du pendu et de la corde dans le quatrième paragraphe.

Le son /ou/ constitue une sorte d'assonance majeure du texte, comme dans ce passage qui semble progresser sur la reprise du même son d'un mot à l'autre : « ... il avait s*ou*vent j*ou*é à se représenter Toinette vieillie et laide, devenue une b*ou*rgeoise t*ou*te en noir avec aut*ou*r du c*ou* un ruban de vel*ou*rs blanc pour s*ou*tenir les chairs cr*ou*lantes... »

Le commentaire composé

Qu'il s'agisse de l'usage du point de vue, de l'ordre de la narration, du style ou des sentiments de Cripure, le texte se caractérise à chaque fois par un double registre que le plan pourra s'efforcer de mettre en évidence comme suit.

1) Une double écriture

Deux écritures alternent selon que la narration rapporte les réactions physiques (style sec, elliptique) ou psychologiques de Cripure (style ample, fonction poétique de la langue).

Se reporter à :

- Commentaire littéraire : question 1.
- Etude littéraire : questions 1 et 2 (deuxième partie).

2) Un double univers

Le personnage lui-même est partagé entre deux univers :

- l'univers de la « représentation », de l'imaginaire, du fantasme ;
- l'univers de la réalité, auquel le confronte la lettre.

Se reporter à :

- Etude littéraire : questions 2 et 3 (première partie).

3) Une double temporalité

Par l'intermédiaire de l'analepse, la narration évoque deux temporalités : le présent de l'événement confronté aux rêveries passées de Cripure.

Mais le texte restitue aussi le décalage entre la sensation de la douleur et son intellection. Entre le moment où Cripure reçoit le choc et la montée des larmes s'écoule le temps qui sépare la douleur de son acceptation.

Se reporter à :

- Commentaire littéraire : question 2
- Etude littéraire : question 3 (première partie) et question 1 (deuxième partie).

SUJET 2
Gustave FLAUBERT (1821-1880)
Madame Bovary, 1857

Devant la foule des paysans, bourgeois et notables de la région, réunis à Yonville-l'Abbaye (Haute-Normandie) pour les comices agricoles[1]*, le conseiller récompense les agriculteurs lauréats. Il s'apprête à remettre à Catherine Leroux une médaille d'argent pour cinquante-quatre ans de service dans la même ferme.*

Alors on vit s'avancer sur l'estrade une petite vieille femme de maintien craintif, et qui paraissait se ratatiner dans ses pauvres vêtements. Elle avait aux pieds de grosses galoches de bois, et le long des hanches, un grand tablier bleu. Son visage maigre, entouré d'un béguin[2] sans bordure, était plus plissé de rides qu'une pomme de reinette flétrie, et des manches de sa camisole[3] rouge dépassaient deux longues mains, à articulations noueuses. La poussière des granges, la potasse des lessives et le suint[4] des laines les avaient si bien encroûtées, éraillées, durcies, qu'elles semblaient sales quoiqu'elles fussent rincées d'eau claire ; et à force d'avoir servi, elles restaient entr'ouvertes, comme pour présenter d'elles-mêmes l'humble témoignage de tant de souffrances subies. Quelque chose d'une rigidité monacale relevait l'expression de sa figure. Rien de triste ou d'attendri n'amollissait ce regard pâle. Dans la fréquentation des animaux, elle avait pris leur mutisme et leur placidité. C'était la première fois qu'elle se voyait au milieu d'une compagnie si nombreuse ; et intérieurement effarouchée par les drapeaux, par les tambours, par les messieurs en habit noir et par la croix d'honneur du conseiller, elle demeurait tout immobile, ne sachant s'il fallait s'avancer ou s'enfuir, ni pourquoi la foule la poussait et pourquoi les examinateurs lui souriaient. Ainsi se tenait, devant ces bourgeois épanouis, ce demi-siècle de servitude.

(1) Comices agricoles : assemblée régionale de cultivateurs, ayant pour vocation de développer et promouvoir l'agriculture.

(2) Béguin (dans le texte) : coiffe qui s'attache sous le menton au moyen d'une bride.

(3) Camisole : vêtement court, à manche, porté sur la chemise.

(4) Suint : sécrétion sébacée de la peau du mouton ; qui se mêle à la laine.

COMMENTAIRE LITTERAIRE

Première partie : 4 points

1. Quels traits formels caractéristiques de la description relevez-vous dans ce texte ? *(2 points)*

2. Vous étudierez la dernière phrase du texte du point de vue de l'énonciation, de l'organisation syntaxique, des figures de style. *(2 points)*

Deuxième partie : 16 points

Vous ferez un commentaire composé de ce texte.

ETUDE LITTERAIRE

Première partie : 8 points

1. En observant attentivement l'ordre de la description, la façon dont elle est détaillée, le point de vue adopté, vous montrerez comment s'organise le portrait de Catherine Leroux. *(4 points)*

2. Identifiez deux comparaisons dans ce texte :
– pour chacune d'elles vous nommerez le comparant et le comparé ;
– vous relèverez les termes qui, par connotation, se rattachent à ces comparaisons. *(2 points)*

3. Quel est la valeur de « on » dans la première phrase : « Alors on vit s'avancer sur l'estrade… » ? *(2 points)*

Deuxième partie : 12 points

1. Comment comprenez-vous et interprétez-vous l'importance accordée aux mains du personnage ? *(4 points)*

2. Vous analyserez et commenterez la dernière phrase de ce texte en vous interrogeant sur sa signification et sa portée, l'effet produit sur le lecteur. *(4 points)*

3. Dans quelle mesure ce portrait est-il réaliste ? *(4 points)*

Commentaire littéraire

Première partie

1) Les traits caractéristiques de la description

Dans un récit, la description peut se faire au fil de la narration ou marquer, au contraire, une pause dans le déroulement de l'intrigue, comme c'est le cas dans le texte de Flaubert. On reconnaît le type de texte descriptif à un ensemble de traits structurels, grammaticaux et stylistiques que la question invite à identifier dans ce portrait particulier.

a) L'insertion de la description dans le récit

La description s'insère, de façon très classique, dans l'épisode des Comices : « Alors on vit s'avancer sur l'estrade une petite vieille femme de maintien craintif... » En quelques mots sont mentionnés l'objet décrit (la femme), le lieu favorable à la description (l'estrade), le point de vue adopté (« on »).

Cette phrase d'annonce assure le passage de la narration au passé simple (« on vit ») à la description, qui se caractérise par l'emploi de l'imparfait, temps dominant de ce texte : « paraissait », « avait », « était », « restaient »...

b) Le point de vue ou focalisation

C'est le point de vue de « on », les « examinateurs » du jury et plus largement le public venu assister à la remise des prix, qui est ici adopté pour décrire Catherine Leroux. Sa position sur l'estrade, légèrement en surplomb par rapport aux observateurs, justifie par exemple, qu'elle soit d'abord rapidement décrite des pieds à la tête (« pieds », « hanches », « visage »).

On parle de focalisation interne lorsque le narrateur adopte, pour décrire un lieu ou un personnage, le point de vue d'un autre personnage ou groupe de personnages.

c) La structure de la description

La description procède en détaillant l'objet décrit et en le qualifiant : le costume, les mains, le visage... de la femme sont successivement évoqués. D'où, dans le texte descriptif, l'importance accordée aux substantifs désignant les différents aspects retenus par la description, ainsi qu'aux qualificatifs qui permettent de spécifier les qualités propres à l'objet décrit.

d) Les images dans la description

Parmi les procédés de caractérisation, la description recourt souvent à des comparaisons et/ou des métaphores. On se reportera à la question 2 de l'étude littéraire (« Les comparaisons ») pour en savoir davantage sur ce point.

2) La dernière phrase du texte

Ainsi se tenait, devant ces bourgeois épanouis, ce demi-siècle de servitude.

a) L'énonciation

Dans cette phrase, qui mêle étroitement le commentaire à la description, s'exprime l'opinion d'un narrateur indigné. La phrase revêt de ce fait une forte valeur conclusive, mettant un terme à la description dont elle fixe la signification : elle résume l'intention satirique de ce portrait, par l'intermédiaire duquel la bourgeoisie se voit indirectement dénoncée.

b) L'ordre des mots dans la phrase

L'ordre des mots dans la phrase est significatif. L'inversion du sujet (« ce demi-siècle de servitude ») et du verbe (« se tenait »), ainsi que celle du sujet et du complément circonstanciel (« devant ces bourgeois épanouis ») témoigne d'une intention d'auteur. On mesure la différence d'effet produit entre l'ordre retenu par Flaubert et un agencement du type sujet/verbe/complément qui casse le rythme ternaire de la phrase : « Ce demi-siècle de servitude se tenait ainsi devant ces bourgeois épanouis. » Ce choix stylistique gagnera à être mis en relation avec les figures de rhétorique.

c) Les figures de rhétorique

En effet, l'opposition entre « bourgeois épanouis » et « demi-siècle de servitude » revêt une plus grande intensité satirique dans cet ordre qui place la cible (les « bourgeois ») au centre de la phrase et met en valeur l'image de la victime en fin de phrase. La description s'achève ainsi sur la vision de Catherine Leroux transfigurée en symbole du peuple opprimé, par l'intermédiaire de l'expression « ce demi-siècle de servitude ».

On peut s'interroger sur la nature de cette figure de rhétorique. Il s'agit globalement d'une image et l'on peut y voir une métaphore. Il serait plus juste néanmoins d'identifier ici une métonymie de la condition sociale pour l'individu, de l'identité socio-politique pour l'identité personnelle, par l'intermédiaire de la périphrase : « demi-siècle de servitude » pour désigner les cinquante-quatre années de service de Catherine Leroux. En convertissant la durée d'une vie en temps historique, la périphrase confère à la destinée de Catherine Leroux une dimension emblématique.

Deuxième partie *voir p. 58*

Etude littéraire

Première partie

1) L'organisation du portrait

Cette question mobilise le même type de connaissances que la question 1 du commentaire littéraire (« Les traits caractéristiques de la description ») : savoir reconnaître et caractériser un texte descriptif. Mais tandis que dans l'une il s'agissait d'identifier dans le texte de Flaubert les traits spécifiques de la description, pour répondre à cette question-ci, on utilisera ces connaissances générales afin de dégager l'organisation spécifique du passage proposé.

Le texte s'ouvre sur une phrase de récit introduisant à la description ; il s'achève sur une phrase de commentaire explicitant la portée satirique du portrait de Catherine Leroux.

Entre ces deux phrases, la description vestimentaire du personnage est suivie d'un portrait physique (centré sur le visage et les mains), puis de quelques notations à caractère « psychologique ». Plus que d'un portrait, il s'agit d'une esquisse forte, Flaubert procédant par traits marquants et marqués, plutôt que de façon exhaustive.

Si l'on observe l'évolution de la focalisation, on remarque que le point de vue se déplace : ce sont tout d'abord les « examinateurs » qui voient physiquement Catherine Leroux en légère contre-plongée, puis les observateurs sont à leur tour vus par l'observée : « C'était la première fois qu'elle se voyait au milieu d'une compagnie si nombreuse... » Cette variation du point de vue suffit à déstabiliser les « examinateurs » : ceux qui observent et jugent se retrouvent en position d'être observés et donc jugés à leur tour, non par Catherine Leroux, à qui les enjeux de la situation échappent, mais par la conscience critique du narrateur.

2) Les comparaisons

Deux grandes comparaisons structurent ce portrait, dont le comparé est à chaque fois Catherine Leroux et le comparant d'abord un objet (son visage était « plus plissé de rides qu'une pomme de reinette flétrie ») puis des animaux (« Dans la fréquentation des animaux, elle avait pris leur mutisme et leur placidité. »)

Par connotation, le verbe « se ratatiner » annonce la comparaison avec le fruit tandis que l'adjectif « effarouchée » renforce la comparaison avec les animaux.

Ces observations devront être interprétées dans le commentaire composé. Les deux comparaisons sont, en effet, extrêmement significatives :

– réifiée, puis « animalisée », Catherine Leroux apparaît comme un personnage déshumanisé par sa fonction. Flaubert semble ici prendre ironiquement le contre-pied de la figure de rhétorique, classique dans la description d'objets ou d'animaux, de la personnification ;

- elle semble le produit de son milieu et de ses activités ; ayant, par mimétisme, acquis les qualités d'une condition littéralement inhumaine.

3) La valeur de « on »

« On » est un pronom personnel de la troisième personne du singulier, d'un point de vue morphologique. Syntaxiquement, il est toujours sujet et renvoie (d'un point de vue sémantique) à un référent humain. Mais ce référent peut être :

– indéfini : quand « on » désigne un référent que l'on ne peut identifier ;

– définissable : quand le référent désigné par « on » peut être identifié.

« On » est-il indéfini dans la phrase de Flaubert ?

– non, dans la mesure où il désigne « les examinateurs », « compagnie si nombreuse », les « messieurs en habit noir » et le « conseiller » qui appartiennent au groupe des « bourgeois épanouis ». « On » désigne un collectif. Grammaticalement, il se substitue à « ils ».

– mais stylistiquement, « on » conserve une part certaine d'indétermination qui sert ici la dimension satirique du texte : tous ceux qui voient Catherine Leroux, et désormais le lecteur en fait partie, sont impliqués dans la vision de Flaubert.

Deuxième partie

1) Mains réalistes, mains symboliques

L'importance qui leur est accordée – par rapport au corps réaliste comme dans les proportions mêmes de la description – est inhabituelle. Le rythme ternaire des substantifs (« La poussière des granges, la potasse des lessives et le suint des laines... ») et des adjectifs (« encroûtées, éraillées, durcies ») produit un effet d'accumulation : la surcharge descriptive accuse le trait réaliste et l'oriente vers le portrait charge. Les mains concentrent la double signification d'un corps martyr, devenu symbole de la « mainmise » bourgeoise sur la destinée des êtres laborieux.

Les mains du personnage à la fois témoignent et accusent : elles témoignent des duretés infligées au corps et symbolisent l'affrontement du monde du travail (mains laborieuses) et du monde du pouvoir. On trouve ici un bel exemple de l'ironie flaubertienne qui dénonce sans discours, démontre en montrant.

2) La chute du texte

La chute est une fin de texte particulièrement soignée, que l'auteur souligne par un changement de rythme, un paradoxe, une image forte, qui frappent l'imagination du lecteur.

Cette question reprend, pour une part, la question 2 du commentaire littéraire (« La dernière phrase du texte »), mais appelle un commentaire plus large sur le rôle de cette phrase dans la signification générale de la description.

On pourra, outre les analyses internes qui ont été proposées, étudier de plus près l'effet de contraste entre une description qui accentue le trait objectif et une conclusion dont la force tient essentiellement à l'art de donner à voir le scandale par le choc de l'image.

On sera également attentif à l'esthétique de la chute : par le changement de rythme, la disposition de la phrase et la densité des figures de style, le dénouement de ce portrait atteint à une rare intensité.

3) Le réalisme de Flaubert

La question invite à énumérer les traits caractéristiques de la description réaliste, à spécifier la manière propre à Flaubert et à s'interroger sur les différentes dimensions de cette description, notamment satirique et symbolique.

Le réalisme de la description se traduit à différents niveaux :

– par le choix de l'objet décrit : non point ici une héroïne mais un être obscur, non point un être de beauté mais de laideur. Peindre le dessous comme le dessus de la réalité : tel est bien l'objectif du romancier réaliste ;

– par l'évocation d'une hiérarchie sociale où s'opposent dominants et dominés, riches et pauvres, maîtres et valets ;

– par l'attention accordée au détail vrai : notamment l'emploi de termes spécialisés pour décrire la tenue vestimentaire de Catherine et les réalités du travail à la ferme.

Cette description justifie pleinement le sous-titre choisi par Flaubert pour *Madame Bovary* : « Mœurs de province ».

Flaubert cherche, dit-il, à « voir comme voient les myopes ». Il aime à « accuser le petit fait aussi puissamment que le grand », afin de « faire sentir presque matériellement les choses qu'il reproduit » (Lettre à Louise Colet, 16 janvier 1852). Le réalisme de Flaubert sélectionne, amplifie et stylise la réalité, ainsi qu'en témoigne cette page.

Cet art du portrait, qui n'est pas étranger à celui de la caricature, confère au réalisme une dimension critique : le romancier n'entend pas seulement peindre la société telle qu'elle est mais encore telle qu'elle ne devrait pas être.

Enfin, le réalisme critique de cette page s'ouvre sur une dimension symbolique : Catherine Leroux est une héroïne de fiction destinée moins à « concurrencer l'état civil », selon la formule de Balzac pour sa « comédie humaine », qu'à incarner une condition sociale et un type historique, ainsi qu'en témoigne la chute du passage. Flaubert amplifiera le type de la servante à travers le personnage de Félicité dans *Un cœur simple* (1876).

Le commentaire composé

Il s'agit d'organiser les observations, analyses et interprétations acquises lors des questions. Plusieurs plans sont possibles. En voici trois qui distribuent les contenus selon différentes logiques :

Premier exemple

Trois moments de la lecture : de la découverte à l'appréciation du texte

Ce plan épouse le mouvement de la lecture et répartit les analyses selon différents niveaux de perception du texte.

• Prendre connaissance du texte, de son contenu :
l'organisation du portrait, les caractéristiques du personnage.

• Mesurer son intention et sa portée :
l'expression de la subjectivité du narrateur, son opinion, la façon dont il oriente la description.

• Entrer dans l'intelligence de l'art de l'écrivain : la stylisation du portrait, la satire par l'ironie, montrer pour démontrer.

Deuxième exemple

Trois dimensions du réalisme

• La peinture de la réalité socio-historique :
décrire des faits authentiques.

• Le réalisme critique :
décrire un personnage pour dénoncer une réalité sociale.

• Le réalisme symbolique :
redonner droit de cité aux exclus dans et par le roman, racheter l'injustice sociale par la justesse de l'écriture.

Troisième exemple

Trois points de vue

• Le point de vue des personnages :
l'utilisation de la focalisation interne, la femme vue par les « examinateurs », les « examinateurs » vus par la femme.

• Le point de vue du narrateur, son opinion :
le portrait d'un individu et la peinture indirecte d'une société.

• Le point de vue du lecteur :
sensible à l'esthétique de la description (art du romancier), en sympathie avec le personnage, impliqué dans la satire. Différence entre le lecteur d'hier et d'aujourd'hui.

Sujet 3
Joachim Du BELLAY (1522-1560)
L'Olive, 1549-1550

O prison douce, où captif je demeure
Non par dédain, force ou inimitié,
Mais par les yeux de ma douce moitié,
Qui me tiendra jusqu'à tant que je meure.

O l'an heureux, le mois, le jour et l'heure,
Que mon cœur fut avec elle allié !
O l'heureux nœud, par qui j'y fus lié,
Bien que souvent je plains, soupire et pleure !

Tous prisonniers, vous êtes en souci,
Craignant la loi et le juge sévère ;
Moi plus heureux, je ne suis pas ainsi.

Mille doux mots, doucement exprimés,
Mill' doux baisers, doucement imprimés,
Sont les tourments où ma foi persévère.

COMMENTAIRE LITTERAIRE

Première partie : 4 points

1. Identifiez la forme poétique et donnez-en, d'après ce poème, les principales caractéristiques. *(2 points)*

2. Quelle correspondance peut-on établir entre l'organisation strophique et l'évolution thématique du poème ? *(2 points)*

Deuxième partie : 16 points

Vous ferez un commentaire composé de ce poème.

ETUDE LITTERAIRE

Première partie : 8 points

1. Identifiez les figures de style utilisées dans le premier vers. *(3 points)*

2. Quelle est la raison d'être de l'apocope au vers 13 ? *(2 points)*

3. Vous étudierez l'énonciation, la construction et la signification du vers 9. *(3 points)*

Deuxième partie : 12 points

1. Montrez comment s'organise l'alliance du thème de la prison et de l'amour. *(6 points)*

2. En vous appuyant sur des éléments précis du texte (figures de style, versification, vocabulaire…) vous analyserez et interpréterez la signification du dernier tercet. *(6 points)*

Commentaire littéraire

Première partie

1) La forme poétique

Il s'agit d'un sonnet décasyllabique (4/6). Les quatorze vers sont répartis en trois strophes : deux quatrains et un sizain constitué de deux tercets.

Les quatrains sont disposés selon le même modèle (ici des rimes embrassées, abba) et sur l'alternance des rimes féminines (œrə) et masculines (yẹ), qui s'est imposée peu à peu au cours du XVIe siècle.

Au XVIe siècle, deux types de combinaisons sont fixés pour les tercets :

– ccd/ede : cette combinaison est héritée du modèle pétraquiste,

– ccd/eed : cette combinaison fut adoptée par Marot pour se démarquer de la précédente.

Du Bellay adopte un ordre différent des deux modèles traditionnels : cdc/eed.

2) L'organisation du poème

Le sonnet qui, du point de vue de la forme, combine le pair (quatrains) et l'impair (tercets), se prête particulièrement bien à l'antithèse ou au contraste thématique entre les quatrains et les tercets.

Le thème de la prison d'amour, développé dans les quatrains autour de la figure du couple (Je/elle), s'élargit dans les tercets en une vision plus métaphysique : le paradoxe du bonheur dans l'emprisonnement gagne en force à être confronté à la condition humaine.

Deuxième partie voir p. 67

Etude littéraire

Première partie

1) Le premier vers du poème

« O prison douce, où captif je demeure »

La traditionnelle image de la prison d'amour, héritée de Pétrarque, confère à ce poème une grande unité thématique.

Le paradoxe de la métaphore de l'amour-prison se traduit dans l'oxymore « prison douce ».

L'oxymore est une alliance de termes habituellement incompatibles.

2) L'apocope

L'apocope est la suppression en fin de mot d'un *e* caduc non élidable. Elle peut se trouver en fin de vers ou à l'intérieur de l'hémistiche.

L'apocope est une liberté qui disparaîtra dans la prosodie classique. Elle permettait aux poètes d'obtenir une syllabe de moins sans recourir à un autre mot. Ici, Du Bellay peut ainsi conserver l'anaphore contenue dans les vers 12 et 13 sans renoncer au mot « baiser » (2 syllabes), qui s'associe par sa position à la césure, avec « mots », au vers précédent.

3) « Tous prisonniers, vous êtes en souci »

Le vers 9, qui amorce les tercets, est marqué par un changement de destinataire : le poète s'adresse aux hommes après avoir chanté son amour.

La construction elliptique du vers (« Tous prisonniers » pour « Vous qui êtes tous prisonniers ») renforce la généralisation et amorce le distinguo entre prison heureuse et prison malheureuse : l'amour adoucit la condition humaine.

Deuxième partie

1) Le thème de la prison d'amour

On s'appuiera sur les observations produites dans la réponse à la question 1 de la première partie (« Le premier vers du poème »). On mettra les remarques sur le premier vers en relation avec d'autres éléments du texte.

Le premier vers amorce en effet la métaphore qui sera filée tout au long du poème : le poète est comparé à un prisonnier (« captif ») parmi les « prisonniers » et Dieu à un « juge sévère » ; le champ lexical du lien (« nœud », « lié », « allié », « tiendra ») joue sur le sens concret et abstrait des mots pour désigner à la fois l'union amoureuse et les chaînes du prisonnier.

Le poème se structure selon les deux versants positifs et négatifs de l'oxymore. On trouve ainsi, à côté du champ lexical du bonheur très largement représenté mais peu varié (« heureux », mots de la famille de « doux »), celui de la peine (« meure », « plains, soupire et pleure », « souci », « sévère », « tourments »). Il s'en dégage une impression de variété dans le tourment, qui s'oppose à la plénitude superlative (« plus heureux ») du bonheur amoureux.

Chaque strophe exploite l'oxymore de l'heureux captif mais en le déséquilibrant sensiblement au profit du bonheur amoureux, note majeure du poème tempérée en contre-note par le malheur de la captivité. La répétition des termes de même famille se rapportant à la douceur (« douce », « doux », « doucement »), et au bonheur (« heureux », repris une fois) à laquelle s'ajoute un nombre plus important de vers consacrés au thème amoureux, fait pencher la balance de l'antithèse du côté de l'expression de la joie amoureuse.

2) Le dernier tercet

Le dernier tercet introduit discrètement une nouvelle et ultime variation sur le motif de la prison d'amour. Après avoir évoqué le couple, le poète compare à son avantage sa condition à celle des hommes en général et établit, pour finir, un lien entre l'amour et la poésie.

L'enlacement du thème de l'amour et de l'écriture se traduit à plusieurs niveaux. Par l'intermédiaire du lexique s'établit un parallèle entre le registre de l'écriture (« mots », « exprimés » et « imprimés ») et le registre amoureux (« baisers » et « imprimés »). On note que le verbe « imprimer » peut se rapporter aux mots comme aux baisers selon qu'on l'entend dans son acception éditoriale ou imagée.

Le parallèle sémantique est mis en valeur par la symétrie de construction entre les deux premiers vers du tercet. Celle-ci est rendue possible par l'apocope « Mill' doux baisers » et renforcée par la reprise de « doucement » comme par la rime « exprimés/imprimés », obtenue au moyen de mots appartenant à la même famille.

Du baiser au poème et des tourments d'amour aux affres de l'écriture il n'y aurait donc qu'un pas que le poète semble ludiquement franchir en faisant entendre dans le dernier vers un double sens : persévère/perd ses vers. Cette dernière finale, qui rime avec le vers 10 (« juge sévère ») nous rappelle que l'organisation des rimes n'est pas régulière et que le poète s'écarte des règles sévères du sonnet pour trouver sous l'inspiration de sa muse une musique d'amour qui n'appartient qu'à lui. Voir question 1 du commentaire littéraire (« La forme poétique »).

Le commentaire composé

Il est possible de proposer un plan qui mime la découverte du poème et la construction progressive d'une interprétation qui approfondit les premières impressions de lecture.

1) Le thème conventionnel de la prison d'amour

2) Le paradoxe de l'heureux captif

3) L'enlacement du thème de l'amour et de la poésie

SUJET 4
Pierre CARLET de CHAMBLAIN de MARIVAUX (1688-1763)
Le Jeu de l'amour et du hasard, 1730

Pour mettre Dorante à l'épreuve et s'assurer de l'amour désintéressé qu'il lui porte, Sylvia a échangé son costume avec celui de sa servante, Lisette. De son côté, Dorante recourt au même stratagème avec son valet Arlequin.

Travesti en maître, Arlequin fait sa cour à celle qu'il croit être Sylvia...

Acte II, Scène 3 — LISETTE, ARLEQUIN

ARLEQUIN — Madame, il dit que je ne m'impatiente pas ; il en parle bien à son aise, le bonhomme [1] !

LISETTE — J'ai de la peine à croire qu'il vous en coûte tant d'attendre, monsieur ; c'est par galanterie que vous faites l'impatient, à peine êtes-vous arrivé ! Votre amour ne saurait être bien fort, ce n'est tout au plus qu'un amour naissant.

ARLEQUIN — Vous vous trompez, prodige de nos jours ; un amour de votre façon [2] ne reste pas longtemps au berceau ; votre premier coup d'œil a fait naître le mien, le second lui a donné des forces et le troisième l'a rendu grand garçon ; tâchons de l'établir [3] au plus vite ; ayez soin de lui puisque vous êtes sa mère.

LISETTE — Trouvez-vous qu'on le maltraite, est-il si abandonné ?

ARLEQUIN — En attendant qu'il soit pourvu, donnez-lui seulement votre belle main blanche, pour l'amuser [4] un peu.

LISETTE — Tenez donc, petit importun, puisqu'on ne saurait avoir la paix qu'en vous amusant.

ARLEQUIN, *lui baisant la main.* — Cher joujou de mon âme ! cela me réjouit comme du vin délicieux, quel dommage de n'en avoir que roquille [5].

LISETTE — Allons, arrêtez-vous, vous êtes trop avide.

ARLEQUIN — Je ne demande qu'à me soutenir, en attendant que je vive.

LISETTE — Ne faut-il pas avoir de la raison ?

ARLEQUIN — De la raison ! Hélas ! je l'ai perdue ; vos beaux yeux sont les filous qui me l'ont volée.

LISETTE — Mais est-il possible que vous m'aimiez tant ? je ne saurais me le persuader.

ARLEQUIN — Je ne me soucie pas de ce qui est possible, moi ; mais je vous aime comme un perdu, et vous verrez bien dans votre miroir que cela est juste.

LISETTE — Mon miroir ne servirait qu'à me rendre plus incrédule.

ARLEQUIN — Ah ! mignonne adorable ! votre humilité ne serait donc qu'une hypocrite !

LISETTE — Quelqu'un vient à nous ; c'est votre valet.

Acte II, scène 3.

(1) Il s'agit de M. Orgon, le père de Sylvia, qui était présent dans la scène précédente.

(2) De votre façon : auquel vous avez donné sa forme.

(3) Etablir : procurer une situation sociale, marier.

(4) Amuser : distraire, faire passer le temps.

(5) Roquille : la plus petite des anciennes mesures de vin (un quart de litre).

COMMENTAIRE LITTERAIRE

Première partie : 4 points

1. Etudiez la construction de l'image dans la deuxième réplique d'Arlequin. *(2 points)*

2. Relevez quelques mots ou expressions appartenant à des registres de langue différents. *(2 points)*

Deuxième partie : 16 points

Vous ferez un commentaire composé de cette scène.

ETUDE LITTERAIRE

Première partie : 8 points

1. Relevez trois métaphores dont vous nommerez chaque fois le comparant et le comparé. Vous direz ce qui fait la particularité de chacune d'elles. *(4 points)*

2. Etudiez l'enchaînement des répliques et la façon dont progresse le dialogue. *(3 points)*

3. Qu'est-ce qui justifie le changement de scène ? *(1 point)*

Deuxième partie : 12 points

1. Qu'est-ce qui, dans l'attitude et les paroles d'Arlequin, trahit sa condition de valet ? *(4 points)*

2. « Mon miroir ne servirait qu'à me rendre plus incrédule » : comment Arlequin comprend-il cette réplique de Lisette ? Quel sens comporte-t-elle pour le spectateur ? *(4 points)*

3. Vous analyserez et commenterez l'effet produit par cette scène sur le spectateur. *(4 points)*

• Commentaire littéraire

Première partie

1) L'image de l'amour-enfant

Arlequin compare son amour à un enfant (personnification), puis il développe l'image (métaphore filée). On peut dans ce cas parler d'allégorie.

L'allégorie est une forme de métaphore filée qui consiste à personnifier une idée abstraite, un sentiment ou une qualité morale.

2) Les registres de langue

On peut distinguer deux registres de langue dans cette scène : l'un, soutenu et précieux, s'efforce d'imiter le discours amoureux des maîtres ; l'autre, familier ou prosaïque, trahit la condition sociale des valets.

Parmi les traits caractéristiques du langage soutenu des maîtres, on relève :

- les modalisations :
« J'ai de la peine à croire qu'il vous en coûte tant »
« Je ne saurais me le persuader »
- les métaphores précieuses :
l'allégorie de l'amour enfant
- le « on » de modestie (mis pour « je ») :
« puisqu'on ne saurait avoir la paix qu'en vous amusant »

- les périphrases : « prodige de nos jours »

Arlequin ne maîtrise pas aussi bien que Lisette le code précieux. Ses propos sont émaillés de :

- métaphores prosaïques : « joujou de mon cœur », « vos beaux yeux sont les filous qui me l'ont volée ».

Deuxième partie : voir p. 74

Etude littéraire

Première partie

1) Les métaphores

On relève dans cette scène trois métaphores :

- La métaphore filée de l'amour comparé à un être humain.
Elle commence dans la première réplique de Lisette et se poursuit dans les trois répliques suivantes (« amour naissant », « au berceau », « grand garçon »...)

- La métaphore filée de l'amour-jeu.
Elle prolonge la métaphore précédente à laquelle elle apporte un complément comique : l'amour-enfant trouve en Lisette son « joujou ». Le verbe « amuser » annonce la métaphore de la femme-joujou (« Cher joujou de mon âme »).

- « vos beaux yeux sont les filous qui me l'ont volée ».
Les yeux de Lisette sont comparés à des voleurs. Dans le langage des maîtres, cette métaphore aurait été d'un style plus soutenu : le verbe « ravir » (enlever et enchanter à la fois) aurait avantageusement remplacé celui, plus concret, de « voler ».

2) L'enchaînement des répliques

Le dialogue rebondit généralement à partir d'un mot repris par chaque interlocuteur :

- « que je ne m'impatiente pas » / « impatient » ;

- « bien fort », « amour naissant » / « au berceau », « des forces » ;
- « pour l'amuser un peu » / « en vous amusant » ;
- « trop avide » / « que je vive » (enchaînement sur les sonorités) ;
- « de la raison » / « de la raison » ;
- « est-il possible » / « est possible » ;
- « votre miroir » / « mon miroir ».

On pourra interpréter, lors du commentaire composé, ce type d'enchaînement des répliques comme un signe d'entente et de complicité inconsciente entre les deux valets.

3) Le changement de scène

La dernière réplique de Lisette (« Quelqu'un vient à nous ; c'est votre valet ») justifie le changement de scène par l'annonce de la venue d'un autre personnage, en l'occurrence Dorante, travesti en Arlequin.

La dramaturgie classique parle de « liaison de présence », lorsque, comme c'est ici le cas, il reste à la scène suivante un ou plusieurs acteurs de la scène précédente. C'est la forme la plus fréquente de liaison entre les scènes.

Deuxième partie

1) Le valet travesti

On reprendra, pour répondre à cette question les éléments de réponse à la question 2 du commentaire littéraire (« Les registres de langue »). Arlequin trahit en effet sa condition de valet à travers son langage, mais également par son attitude.

L'impatience qui le caractérise est contraire au code amoureux des maîtres, épris de longs discours amoureux. Arlequin est un sensuel qui, plutôt que se consumer d'amour, préfère consommer ce sentiment qu'il compare d'ailleurs à un « vin délicieux ». A cette avidité (« vous êtes trop avide »), Lisette oppose l'argument de la raison. Mais Arlequin est un personnage qui ne se perd pas en abstractions amoureuses, ainsi qu'en témoigne son rapport très littéral au langage et au corps. Lorsqu'il demande sa main à Lisette, ce n'est pas pour l'épouser, mais pour la couvrir de baisers, comme l'indique la didascalie « *en lui baisant la main* », bientôt suivie de la réprimande de Lisette. Les métaphores concrétisantes auxquelles il recourt (la femme-joujou et les yeux-filous) traduisent bien l'importance accordée au corps par le valet moins soucieux de cérémonies amoureuses que de jouissances immédiates.

2) Le double sens

La repartie d'Arlequin (« votre humilité ne serait donc qu'une hypocrite ! ») donne à penser qu'il interprète la réplique de Lisette (« Mon miroir ne servirait qu'à me rendre plus incrédule ») comme une manifestation de sa coquetterie.

La signification est toute différente pour le spectateur, averti du travestissement, qui comprend le double sens des propos de Lisette : le miroir renvoie l'image réelle de la servante et non celle de Sylvia. Epreuve de vérité, le miroir ôterait l'illusion d'Arlequin plutôt qu'il ne conforterait son amour, pense Lisette, elle-même victime du travestissement de celui qu'elle croit être Dorante.

3) Le point de vue du spectateur

Cette scène procure au spectateur un plaisir de l'intelligence lié à sa connaissance du double travestissement, et un plaisir esthétique lié à la parodie de la préciosité et de l'entretien galant, à laquelle se livre ici Marivaux.

Tandis que les personnages sont en proie à l'illusion tout en croyant la maîtriser, le spectateur domine la situation et peut sourire de leur crédulité réciproque.

Il ne peut alors manquer de goûter la parodie du style précieux et du langage des maîtres. L'allégorie de l'amour grandissant, inépuisable à l'âge classique, est ici filée par Arlequin d'une façon quelque peu scabreuse : Lisette se retrouve être l'amante d'Arlequin et la mère de son amour !

La parodie imite le style d'un auteur ou d'un courant littéraire. On trouve une autre parodie de la métaphore précieuse de l'amour-enfant dans *Cyrano de Bergerac* (Edmond de Rostand, 1897) :

CHRISTIAN, *même jeu.*
L'amour grandit bercé dans mon âme inquiète.
Que ce... cruel marmot prit pour... Barcelonnette !

ROXANE, *s'avançant sur le balcon.*
C'est mieux ! Mais puisqu'il est cruel, vous fûtes sot
De ne pas, cet amour, l'étouffer au berceau !

CHRISTIAN, *même jeu.*
Aussi l'ai-je tenté, mais... tentative nulle :
Ce... nouveau-né, Madame, est un petit... Hercule.
(Acte III, scène 7)

Le commentaire composé

Il sera possible, pour organiser le commentaire, de s'intéresser successivement au point de vue de Lisette, à celui d'Arlequin et enfin, à celui du spectateur.

1) Lisette

- Une servante douée pour le travestissement : elle connaît le code et le discours amoureux des maîtres.
- Elle se laisse néanmoins prendre à la séduction d'Arlequin, qu'elle croit être Dorante.

2) Arlequin

- Il trahit sa qualité de valet par son langage et son attitude.
- Il sait s'adapter à la situation, donner la réplique à Lisette et créer entre eux une subtile harmonie amoureuse.

3) Le spectateur

- Il domine la situation : il peut entendre les doubles sens et sourire de l'illusion des personnages, car tel est pris qui croyait prendre.
- Il peut jouir de la parodie que fait Marivaux du langage des maîtres et de son propre style.

On pourra préférer un plan plus thématique :

1) Le jeu de l'amour

- Un duo amoureux.
- Une scène harmonieuse.

2) L'amour du jeu

- Une scène de travestissement.
- Le théâtre dans le théâtre.

3) Le langage travesti

- La parodie du style précieux, par Marivaux.
- Le double sens des mots : « demander la main de Lisette » (sens littéral, ici) ; l'épreuve du miroir.

SUJET 5
Valery LARBAUD (1881-1957)
Les poésies de A. O. Barnabooth[1], 1913

ODE

Prête-moi ton grand bruit, ta grande allure si douce,
Ton glissement nocturne à travers l'Europe illuminée,
O train de luxe ! et l'angoissante musique
Qui bruit le long de tes couloirs de cuir doré,
Tandis que derrière les portes laquées, aux loquets de cuivre lourd,
Dorment les millionnaires.
Je parcours en chantonnant tes couloirs
Et je suis ta course vers Vienne et Budapest,
Mêlant ma voix à tes cent mille voix,
O Harmonika-Zug[2] !

J'ai senti pour la première fois toute la douceur de vivre,
Dans une cabine du Nord-Express, entre Wirballen et Pskow[3]
On glissait à travers des prairies où des bergers,
Au pied de groupes de grands arbres pareils à des collines,
Etaient vêtus de peux de moutons crues et sales…
(Huit heures du matin en automne, et la belle cantatrice
Aux yeux violets chantait dans la cabine à côté.)
Et vous, grandes places à travers lesquelles j'ai vu passer la Sibérie et les monts du Samnium[4],
La Castille âpre et sans fleurs, et la mer de Marmara sous une pluie tiède !

Prêtez-moi, ô Orient-Express, Sud-Brenner-Bahn[5], prêtez-moi
Vos miraculeux bruits sourds et
Vos vibrantes voix de chanterelle ;
Prêtez-moi la respiration légère et facile
Des locomotives hautes et minces, aux mouvements
Si aisés, les locomotives des rapides,
Précédant sans effort quatre wagons jaunes à lettres d'or
Dans les solitudes montagnardes de la Serbie,
Et, plus loin, à travers la Bulgarie pleine de roses…

Ah ! il faut que ces bruits et que ce mouvement
Entrent dans mes poèmes et disent
Pour moi ma vie indicible, ma vie
D'enfant qui ne veut rien savoir, sinon
Espérer éternellement des choses vagues.

(1) Barnabooth, jeune Américain cosmopolite, est un poète fictif auquel Valery Larbaud attribue ses poèmes.

(2) *Zug* : train, en allemand.

(3) Ville de Biélorussie, ancienne principauté indépendante.

(4) Région montagneuse d'Italie centrale.

(5) *Sud-Brenner* : col séparant l'Autriche et l'Italie. *Bahn* : ligne de chemin de fer, en allemand.

COMMENTAIRE LITTERAIRE

Première partie : 4 points

1. Identifiez la forme poétique et mettez-la en relation avec le thème traité. *(2 points)*

2. Relevez les impératifs et les apostrophes et dites quels sont les destinataires auxquels s'adresse A. O. Barnabooth. *(2 points)*

Deuxième partie : 16 points

Vous ferez un commentaire composé de ce poème.

ETUDE LITTERAIRE

Première partie : 8 points

1. Quelles observations pouvez-vous faire à propos des images dans ce poème ? *(4 points)*

2. Vous établirez les champs lexicaux du son et du mouvement en proposant un classement que vous justifierez. *(4 points)*

Deuxième partie : 12 points

1. Vous analyserez la manière dont les sons, les couleurs et le mouvement se répondent dans ce poème. *(8 points)*

2. Quel art poétique se dégage de la dernière partie du poème (v. 29 à v. 33) ? *(4 points)*

Commentaire littéraire

Première partie

1) Forme et thème

Il s'agit d'un poème en vers libres. Cette forme poétique novatrice, qui libère le vers des contraintes de la versification classique, s'accorde avec la modernité du thème traité : la poésie des trains et des grandes destinations inspire à la même époque d'autres poètes. Déjà dans *Le Beau Voyage* (1904), Henry Bataille intitule l'un de ses poèmes « Les trains » et Cendrars publie La *Prose du Transsibérien et de la petite Jehanne de France* en 1913...

La poésie en vers libres apparaît dans la seconde moitié du XIXe siècle, ainsi nommée par opposition à la poésie régulière fondée sur le comptage des syllabes et sur la rime.

2) L'adresse aux destinataires

Le poète fictif A. O. Barnabooth s'adresse aux trains de luxe européens, tantôt successivement, tantôt simultanément.

Les marques de l'adresse sont l'impératif (« prête-moi », « prêtez-moi ») et les apostrophes (« O train de luxe ! », « O Harmonika-Zug ! »).

Deuxième partie voir p. 82

Etude littéraire

Première partie

1) Les images

On pourra observer la nature, puis l'ordonnancement des images dans le poème.

Celui-ci comporte peu d'images, au sens strictement rhétorique du terme. On ne relève guère que la personnification du train (« Prêtez-moi la respiration légère et facile / Des locomotives hautes et minces, aux mouvements / si aisés [...] ») et la comparaison des arbres à des collines, au vers 14. Cette image semble rendre compte de la mobilité des formes sous l'effet de la vitesse du train.

L'évocation repose essentiellement sur des notations descriptives rapides, telles qu'elles pourraient figurer dans un journal de bord, avec des référents réalistes (toponymes), des caractérisations sociales (les millionnaires, les bergers) et géographiques (noms de villes, de pays, de régions). Le poème donne à voir tantôt les trains, tantôt les paysages, tandis que le regard se déplace de l'intérieur à l'extérieur.

La succession des images est particulièrement remarquable : le poème mime leur défilé en esquissant, d'un vers à l'autre, de rapides tableaux et communique ainsi le sentiment d'une irréelle profusion d'images et de lieux.

Le surgissement ininterrompu des images confère au poème une dimension surréelle que ne démentent pas les « yeux violets » de la cantatrice qui semblent un souvenir du dernier vers du sonnet « Voyelles » de Rimbaud : « — O l'Oméga, rayon violet de Ses Yeux ! ». Les phénomènes d'intertextualité sont fréquents en littérature.

On appelle intertextualité les relations qu'un texte entretient avec un autre sous forme d'allusion, de citation, de réécriture...

2) Les champs lexicaux du son et du mouvement

Les motifs du son et du mouvement, si importants dans ce poème, sont étayés par un abondant lexique.

a) Le champ lexical du mouvement

« allure », » glissement », « je parcours », « Je suis ta course vers Vienne », « on glissait », « passer », « aux mouvements/si aisés », « ce mouvement ».

Ces termes traduisent tous la mobilité, la liberté et l'aisance du mouvement.

b) Le champ lexical du son

On pourra distinguer :

– Les bruits (« grand bruit », « qui bruit », « bruits sourds », « ces bruits ») ;

– La musique (« l'angoissante musique », « Harmonika-Zug ») ;

– La voix (« en chantonnant », « ma voix », « tes cent mille voix », « cantatrice », « chantait », « vibrante voix de chanterelle »).

Deuxième partie

1) Correspondances : sons, couleurs, mouvement

Cette « Ode » se présente comme une série de variations sur le thème du son et du mouvement. Chaque partie explore de nouvelles images sonores et cinétiques liées au train. On pourra successivement analyser la présence des motifs du chant et du mouvement, puis la manière dont le poème restitue le rythme même du train.

Dès son titre, « Ode », qui signifie originellement « chant », le poème se place sous le signe de la musicalité. Une musicalité qui s'allie au mouvement, seconde caractéristique du train retenue par le poète : « Prête-moi ton grand bruit, ta grande allure si douce. » Après cette ouverture, le poème opère une transfiguration du « bruit », version prosaïque et informe du son, en musique ferroviaire et en chant (voir le champ lexical correspondant, question 2 de l'étude littéraire). Chant qui s'élargit aux proportions d'un véritable opéra où sont présentes les « cent mille voix » du chœur, « la belle cantatrice » ainsi que l'alternance entre les « miraculeux bruits sourds » et les « vibrantes voix de chanterelle » qui évoque la distribution opéradique entre les sopranos et les basses. Le train lui-même se transforme en instrument de musique, en « Harmonika-Zug ». Il n'est pas jusqu'aux « yeux violets » de la cantatrice qui ne pourraient suggérer la correspondance des couleurs et des sons : violet/viole/violon.

Si le motif du mouvement accompagne celui du chant, c'est pour mieux déployer la gamme des ressources rythmiques du train. Son déplacement est dominé par le sème de la fluidité avec la répétition de « glisser », « glissement », qui lui confère une énergie tout onirique, caractérisée par l'absence d'entraves : « la respiration légère et facile », locomotives aux mouvements « aisés », « précédant sans effort ». La douce mobilité des trains qui semblent parcourir l'espace d'une trajectoire unie et sans heurts favorise l'impression de vitesse, de luxe et de modernité presque surréelle.

Le poème « glisse », lui aussi, d'une image à l'autre grâce aux procédés d'enjambement :

Prêtez-moi, ô Orient-Express, Sud-Brenner-Bahn, prêtez-moi
Vos miraculeux bruits sourds et
Vos vibrantes voix de chanterelle

Tout est musique et mouvement aussi bien à l'extérieur qu'à l'intérieur du train. Entre ces espaces s'établit une parfaite analogie : identité de dessin entre la ligne des rails et « le long couloir », échos du chant aux bruits de la machine.

De nombreux jeux sonores affinent la structure musicale d'un poème martelé par les allitérations : combinaison de sourdes, de sonores et de chuintantes [s/z/f], allitération en [v] dans « Vos vibrantes voix de chanterelle », soulignent le motif musical, tandis que le titre semble générer une assonance filée en [o], notamment à l'initiale des vers qui ne cessent de relancer cette sonorité : « O/dorment/ O/On/Au/Aux/Vos/Vos ». L'exotisme des noms de villes aux consonances étrangères enrichit le poème de jeux de mots : « Et je suis ta course vers Vienne » fait se succéder trois termes de mouvement dont le nom de la ville – suis, course, Vienne (qui renvoie au verbe venir).

La poésie du voyage se présente aussi comme un voyage en poésie, l'évocation des trains s'accompagnant d'une exploration des ressources poétiques de la langue.

2) Un art poétique

La modalité injonctive « il faut » à valeur optative (« je voudrais ») et l'interjection (« Ah ! ») traduisent la présence de l'énonciateur. Il s'agit d'une sorte de prière finale du poète aux trains pour qu'ils l'inspirent. On voit ainsi se dessiner un art poétique moderne à travers l'image qui se dégage de la poésie et du poète.

Ce dernier, comparé à un enfant, rappelle la définition que Baudelaire donnait de la poésie : « l'enfance retrouvée à volonté ». Mais plus encore les trains, objets de la célébration, deviennent explicitement sujets du poème (« disent pour moi ») et détenteurs de son rythme. La métaphore du poème-train fait du « bruit » et du « mouvement » du train une véritable parole poétique, la muse du poète moderne. Le train de luxe devient alors la métaphore de la richesse poétique.

Faire du « bruit » et du « mouvement » du train une véritable parole poétique, capable de dire l'indicible, tel est bien le pouvoir du poète par la parole duquel les « choses vagues » pourront accéder à la pérennité du poème.

Le commentaire composé

1) L'exotisme des lieux

a) Le motif des trains

- Thème de la modernité industrielle : renouvelle les images du thème traditionnel du voyage.
- Alliance d'un sujet *a priori* antipoétique et d'une forme libre.

b) Noms de pays

Ils participent à la double dimension, référentielle et poétique, du poème :

- à la fois une évocation géographique, comme dans un récit de voyage,
- et une évocation poétique : pur plaisir du signifiant.

c) La succession des images

- La traduction de la vitesse.

  Se reporter à :
  Question 1 de l'étude littéraire (première partie).

2) Bruit et mouvement

a) Les champs lexicaux

Se reporter à :
Question 2 de l'étude littéraire (première partie).

b) Rythme et sonorités

Se reporter à :
Question 1 de l'étude littéraire (deuxième partie).

c) Correspondances

Se reporter à :
Question 1 de l'étude littéraire (deuxième partie).

3) Un art poétique

a) La vie-voyage

- Un poème autobiographique.
- La fiction du poète cosmopolite.

b) Le poème-train

- La fusion de la forme et du thème.

  Se reporter à :
  Question 2 de l'étude littéraire (deuxième partie).

c) La mélancolie du poète-enfant

- « Choses vagues » : choses sans forme ; vague à l'âme.
- La poésie est là pour mettre en forme.

SUJET 6
Jean-Jacques ROUSSEAU (1712-1778)
Les Rêveries du promeneur solitaire, 1782

J'ai pensé quelquefois assez profondément ; mais rarement avec plaisir, presque toujours contre mon gré et comme par force : la rêverie me délasse et m'amuse, la réflexion me fatigue et m'attriste ; penser fut toujours pour moi une occupation pénible et sans charme. Quelquefois mes rêveries finissent par la méditation, mais plus souvent mes méditations finissent par la rêverie, et durant ces égarements mon âme erre et plane dans l'univers sur les ailes de l'imagination dans des extases qui passent toute autre jouissance.

Tant que je goûtai celle-là dans toute sa pureté, toute autre occupation me fut toujours insipide. Mais quand, une fois jeté dans la carrière littéraire par des impulsions étrangères, je sentis la fatigue du travail d'esprit et l'importunité d'une célébrité malheureuse, je sentis en même temps languir et s'attiédir mes douces rêveries, et bientôt forcé de m'occuper malgré moi de ma triste situation, je ne pus plus retrouver que bien rarement ces chères extases qui durant cinquante ans m'avaient tenu lieu de fortune et de gloire, et sans autre dépense que celle du temps, m'avaient rendu dans l'oisiveté le plus heureux des mortels.

Septième Promenade.

COMMENTAIRE LITTERAIRE

Première partie : 4 points

1. Relevez et étudiez les adverbes de temps dans la première phrase. *(2 points)*

2. Quel est le temps verbal dominant dans chacun des paragraphes ? Comment expliquez-vous le passage de l'un à l'autre ? *(2 points)*

Deuxième partie : 16 points

Vous ferez un commentaire composé de ce texte.

ETUDE LITTERAIRE

Première partie : 8 points

1. Dans le premier paragraphe, quels sont les procédés par lesquels Rousseau fait valoir la distinction entre la rêverie de la réflexion ? *(4 points)*

2. Relevez des reprises de termes entre le premier et le second paragraphe. *(2 points)*

3. Quelle nuance de sens percevez-vous entre « rêverie » au singulier et au pluriel ? Que désigne ce mot, dans le titre et dans le texte ? *(2 points)*

Deuxième partie : 12 points

1. Quelles sont les caractéristiques de l'autobiographie dans ce texte ? *(6 points)*

2. Comment Rousseau argumente-t-il en faveur de la rêverie ? *(6 points)*

Commentaire littéraire

Première partie

1) Les adverbes de temps dans la première phrase

Les adverbes circonstanciels de temps utilisés dans la première phrase expriment tous la fréquence, mais en opérant une gradation du moins fréquent au plus fréquent :

- « rarement »
- « quelquefois »
- « (presque) toujours »
- « toujours »

L'adverbe d'intensité « presque» introduit une nuance de degré restrictive par rapport à « toujours », superlatif négatif de « rarement ».

Les trois premiers adverbes se rapportent à des compléments circonstanciels de manière, caractérisant l'exercice de la réflexion. Plus le sens de ces compléments est négatif, plus l'adverbe exprime une fréquence importante. Exemple :

« rarement » (fréquence faible) associé à « plaisir » (sens positif) ; « presque toujours » (fréquence élevée) suivi de « contre mon gré » (sens négatif) ».

2) Les temps verbaux

Le temps dominant du premier paragraphe est le présent à valeur de vérité générale, par le moyen duquel Rousseau établit les caractères distinctifs de la rêverie et de la méditation tels qu'ils se sont révélés à lui par l'expérience. Le propos est descriptif.

Le second paragraphe, narratif, se caractérise par l'emploi du passé simple. Il rapporte les événements qui ont conduit l'auteur à perdre la jouissance de la rêverie. D'où l'opposition, temporelle, à la fin du texte, entre le passé simple (présent du passé) et le plus-que-parfait (passé du passé).

L'opposition philosophique entre rêverie et réflexion se poursuit dans le second paragraphe, opposition à laquelle

Rousseau ajoute une mise en perspective autobiographique, distinguant le temps heureux de la rêverie et de l'oisiveté de l'époque de la « célébrité malheureuse ».

Deuxième partie voir p. 90

Etude littéraire

Première partie

1) Rêverie et réflexion

Rousseau fait valoir la différence entre rêverie et réflexion en opposant tout d'abord ces deux activités, puis en distinguant deux sortes de rêveries.

Le contraste entre rêverie et réflexion est nettement marqué par :

– des oppositions lexicales : vocabulaire négatif se rapportant à la méditation (« contre mon gré », « par force », « occupation pénible et sans charme ») ; vocabulaire positif s'attachant à la rêverie (« extases »). On relève une opposition terme à terme dans le parallélisme : « la rêverie me délasse et m'amuse, la réflexion me fatigue et m'attriste » ;

– l'usage des adverbes de temps, défavorables à la méditation (voir question 1 du commentaire littéraire) ;

– des procédés d'accumulation qui affectent la méditation de qualités négatives : « contre mon gré et comme par force » ; « quelquefois… mais » (double restriction).

Puis Rousseau envisage la nuance, après avoir opposé les valeurs propres à la rêverie et à la méditation. Il distingue ainsi la rêverie imparfaite qui échoue en méditation, de la rêverie accomplie, parfaite. Le texte mime alors, par la structure de la phrase, le dépassement opéré dans le second type de rêverie : mouvement d'amplitude, superlatif absolu (« des extases qui passent toute autre jouissance »).

2) Les répétitions

Des reprises de termes entre le premier et le second paragraphe assurent une unité de propos. On retrouve l'opposition méditation /rêverie par l'intermédiaire des termes :

- « me fatigue », le verbe, repris sous forme de substantif « la fatigue » ;
- « par force » / « forcé » ;
- le mot « rêveries » ;
- « extases ».

Mais cette opposition logique, dans le premier paragraphe, est devenue chronologique dans le second (« Tant que... mais quand »).

3) Rêverie et rêveries

Le mot « rêverie » est employé quatre fois dans ce texte, tantôt au singulier, tantôt au pluriel.

Le singulier dénote un concept général et relativement abstrait. Le pluriel, concrétisant, désigne le produit de la rêverie. Le terme est alors moins philosophique, plus familier et intime, ainsi qu'en témoigne l'emploi du possessif et de l'adjectif « douces ».

Dans le titre, « rêveries » désigne par métonymie de la cause pour l'effet, le livre de Rousseau : l'écriture des rêveries se confond ainsi avec les rêveries elles-mêmes.

Deuxième partie

1) Les caractéristiques de l'autobiographie

Dès le début de la première Promenade, Rousseau s'interroge : « Que suis-je moi-même ? » se demande-t-il, et il entreprend d'apporter une réponse en faisant des *Rêveries* une « suite », dit-il, « de l'examen sévère et sincère que j'appelais jadis mes *Confessions* ». Dans la Septième promenade, il oriente sa réflexion sur les causes de son attrait pour la botanique en faisant ce que l'on pourrait appeler une histoire privée de ce goût qu'il rattache directement à la rêverie.

Ainsi *Les Rêveries*, pour être autobiographiques, ne sont pas pour autant un récit de vie, à proprement parler, mais plutôt une autobiographie du goût, de la sensation et des comportements instinctifs, ainsi qu'en témoigne ce passage partagé entre la description des sensations, l'analyse des valeurs affectées par Rousseau à la rêverie et l'historique de ce goût dont il dit avoir pour une part perdu la jouissance.

Le but de l'autobiographie n'est donc pas ici de se peindre mais de se connaître et de fixer la rêverie au moyen de l'écriture.

2) L'argumentation philosophique

Le texte présente un certain nombre de caractéristiques argumentatives. Dans le premier paragraphe, Rousseau développe l'opposition rêverie / réflexion et met en évidence la supériorité de la première sur la seconde au moyen d'arguments : la rêverie délasse, elle amuse, elle possède toutes les qualités dont est dépourvue la réflexion ; elle est profonde, plaisante, facile, pleine de charmes. Elle est enfin source d'« extase », terme mystique surpassant la simple « jouissance », à connotation plus physique. Cette argumentation a cependant ceci de particulier qu'elle est centrée sur l'émetteur (je) et non sur le récepteur qu'elle ne semble pas ouvertement chercher à convaincre. Il s'agit apparemment de faire état, de façon objective, des raisons d'être du penchant de Rousseau pour la rêverie, d'où l'emploi d'un présent de vérité (générale) sur soi, pour ainsi dire à usage privé.

On pourrait être tenté d'accorder pleinement foi au jugement de Rousseau lui-même lorsqu'il assure : « je n'écris mes rêveries que pour moi ». Mais ce serait méconnaître la thèse implicite à la défense de laquelle concourt cet extrait, notamment dans le second paragraphe. Ce texte se présente en effet comme une forme d'argumentation par l'exemple.

On parle d' argumentation par l'exemple lorsque celle-ci se présente sous la forme d'une fiction (fable, apologue, conte) avec laquelle elle entretient un rapport d'analogie. Cette structure argumentative est complexe, car l'histoire racontée est à interpréter en fonction d'une thèse illustrée par la narration mais qui demeure implicite et doit être reconstruite par le lecteur.

La façon dont Rousseau retrace sa destinée n'est pas sans évoquer l'histoire mythique de la chute hors du Paradis. A la pureté dans la rêverie succède la chute (« une fois jeté ») dans le monde, dont témoignent les termes de « carrière », « célébrité », « travail ». « Mais quand, une fois... » traduit le caractère irréparable de la chute, qui entraîne à sa suite un enchaînement de causes et d'effets jusqu'à l'exil dans ce monde et la raréfaction des rêveries. On retrouve, dans ce schéma autobiographique, le thème de l'homme déchu, naturellement bon mais que la société a corrompu. Or, en se définissant dans le premier paragraphe comme un être de rêverie, Rousseau fait de ce mot, dans un second temps, le synonyme de la « pureté », forçant le lecteur à opérer la déduction souhaitée : en étant un être de rêverie, il est donc un être de pureté, un être d'avant la faute, victime et non coupable. Le second paragraphe érige l'image de la victime sur laquelle s'abat la faute : « Mais quand, une fois jeté dans la carrière littéraire par des impulsions étrangères, je sentis la fatigue du travail d'esprit et l'importunité d'une célébrité malheureuse... » Ici, Rousseau développe le paradoxe de l'écrivain malheureux, de la gloire importune venue déranger le bonheur de la rêverie.

Rousseau réussit ainsi à rattacher son penchant pour la rêverie à l'ensemble de son histoire personnelle, revécue sous le signe du complot universel. Reprenant à son compte le mythe du paradis perdu, Rousseau accorde son autobiographie à ses thèses philosophiques, telles qu'il les avait notamment développées dans son *Discours sur les sciences et les arts* (1750), qui condamne la civilisation. Pour Rousseau, la réflexion se rattache à la civilisation, tandis que la rêverie, pensée à l'état sauvage, se rapproche de la nature et par conséquent de la vertu.

Le commentaire composé

Ce texte, à la croisée de plusieurs genres littéraires, l'autobiographie, la prose poétique et l'essai, se prête à un plan qui en épouse les diverses dimensions. On reprendra, dans le commentaire composé, les développements des réponses aux questions mentionnées entre parenthèses, que l'on pourra approfondir et enrichir d'analyses et d'interprétations nouvelles.

1) Un fragment autobiographique

a) Le pacte autobiographique

b) Une histoire privée du goût

c) La carrière d'un écrivain

2) Une prose poétique

a) Le va-et-vient des mots

b) Le rythme de la phrase

c) La rêverie sur les mots

3) Une argumentation philosophique

a) Argumentation poétique et morale sensitive

b) La supériorité de la rêverie sur la réflexion

c) Le paradoxe de l'écrivain malheureux

SUJET 7
Julien GRACQ (né en 1910)
La Littérature à l'estomac, 1950

Dans La Littérature à l'estomac, *un pamphlet d'une soixantaine de pages, Julien Gracq dénonce la crise des valeurs littéraires au lendemain de la Seconde Guerre. S'attaquant tour à tour au public français, aux critiques et aux écrivains, Gracq fait le procès d'une époque, en même temps qu'il nous livre une riposte d'humeur à la critique défavorable qui, en 1949, accueillit sa pièce,* Le Roi pêcheur.

Nous en sommes à peu près là. La demande harcelante de grands écrivains fait que presque chaque nouveau venu a l'air de sortir d'une forcerie[1] : il se dope, il se travaille, il se fouaille les côtes : il veut être à la hauteur de ce qu'on attend de lui, à la *hauteur de son époque*. Le critique, lui, n'en veut pas démordre : coûte que coûte il *découvrira*, c'est sa mission — *ce n'est pas une époque comme les autres* — chaque semaine il lui faut quelque chose à jeter dans l'arène à sons de trompe : un philosophe tahitien, un graffiti de bagnard — Rimbaud *revidivus* ; on dirait parfois, au milieu de la fiesta rituelle et colorée qu'est devenue notre « vie littéraire », un trompette affolé qui sonnerait tout par peur d'en passer : la sortie du taureau de course et celle du cheval de picador. Aussi voit-on trop souvent en effet la « sortie » d'un écrivain nouveau nous donner le spectacle pénible d'une rosse efflanquée essayant de soulever lugubrement sa croupe au milieu d'une pétarade théâtrale de fouets de cirque — rien à faire ; un tour de piste suffit, il *sent l'écurie* comme pas un, il court maintenant à sa mangeoire ; il n'est plus bon qu'à radioter, à fourrer dans un *jury littéraire* où à son tour il couvera l'an prochain quelque nouveau « poulain » aux jambes molles et aux dents longues.

(1) *Forcerie* : endroit où l'on pratique le forçage qui consiste à forcer un animal à dépasser ses limites.

COMMENTAIRE LITTERAIRE

Première partie : 4 points

1. Relevez les différents pronoms utilisés dans ce texte et dites qui ils désignent. *(2 points)*

2. Identifiez les marques de la subjectivité de l'énonciateur dans les expressions suivantes :

– « il se fouaille les côtes » ;

– « le spectacle pénible d'une rosse efflanquée essayant de soulever lugubrement sa croupe ». *(2 points)*

Deuxième partie : 16 points

Vous ferez un commentaire composé de ce texte.

ETUDE LITTERAIRE

Première partie : 8 points

1. Identifiez les différentes métaphores qui se combinent dans ce texte. *(4 points)*

2. Relevez un néologisme, expliquez sa formation et sa portée. *(2 points)*

3. Quelle est la valeur de l'italique et des guillemets dans les expressions suivantes :

– à la *hauteur de son époque* ;

– quelque nouveau « poulain » ? *(2 points)*

Deuxième partie : 12 points

1. En vous appuyant sur une étude précise de l'énonciation, vous direz à qui s'attaque le texte et ce qu'il dénonce. *(6 points)*

2. Vous étudierez et commenterez le rôle des métaphores. *(6 points)*

Commentaire littéraire

1) Les pronoms

Le pronom de la troisième personne « il » est prédominant dans ce texte et désigne tantôt l'écrivain (« nouveau venu », « écrivain nouveau »), tantôt « le critique ». « Il » cache donc un « ils » : il réunit derrière un même pronom les cibles de l'attaque : le tandem auteur/critique dont Gracq dénonce à la fois l'attitude et la connivence.

« Nous » désigne l'énonciateur (je) + le lecteur (vous), tous deux spectateurs. Ce pronom, qui désolidarise l'auteur et le lecteur de la cible, cherche à la fois à railler les acteurs des prix littéraire, et à rallier le public.

« On » alterne avec « nous » dans « aussi voit-on » et permet une variation stylistique.

Dans « on dirait parfois », le référent est indéterminé : « on » est employé comme indéfini.

2) Les marques de la subjectivité de l'énonciateur

Bien que masqué par les pronoms « nous » et « on », l'énonciateur est très présent et ne cesse de donner des signes de son opinion, comme dans les expressions suivantes :

– « il se fouaille les côtes ». La subjectivité de l'énonciateur s'exprime par l'intermédiaire de l'emploi du verbe « se fouailler », littéralement, « se frapper les flancs de sa queue », qui compare de façon dépréciative l'écrivain à un animal ;

– « le spectacle pénible d'une rosse efflanquée essayant de soulever lugubrement sa croupe ». On retrouve le même procédé métaphorique que dans l'exemple précédent. La métaphore de l'écrivain-cheval est filée (« rosse », « efflanquée », « croupe »). S'ajoutent l'emploi de termes péjoratifs : « rosse » (qui signifie « mauvais cheval » et au sens figuré « personne méchante ») et de jugements de valeur négatifs (« pénible », « lugubrement »).

Deuxième partie *voir p. 99*

Etude littéraire

Première partie

1) Les métaphores

L'arme principale de l'attaque est, dans ce texte, la métaphore.

La vie littéraire est comparée à un spectacle ainsi qu'en témoignent les termes « fiesta », « cirque », « pétarade théâtrale » renforcés par le lexique de l'apparence : « a l'air », « on dirait », « ainsi voit-on ».

Acteur principal, l'écrivain est successivement comparé à un cheval de picador, à un cheval de cirque et enfin à un cheval d'élevage.

2) Néologisme

Un néologisme est un mot inventé, formé le plus souvent sur le modèle de termes existant déjà, afin de désigner une réalité pour laquelle la langue ne dispose pas de mot exact.

Le néologisme ne peut être confondu avec le barbarisme, mot également inventé mais par erreur et non volontairement.

« Radioter » est un mot-valise formé en amalgamant le substantif « radio » et le verbe « radoter » (déraisonner, rabâcher). Radioter signifie donc « parler à la radio », mais avec une nuance péjorative très forte.

Le néologisme peut être une arme polémique économique : un seul mot résume ici l'idée contenue dans plusieurs. Elle est d'autant plus efficace qu'elle permet d'éreinter la cible tout en procurant au lecteur une satisfaction esthétique liée à la prouesse de l'invention, dont l'écrivain bénéficie pleinement.

3) La valeur de l'italique et des guillemets

Dans un texte, l'italique n'a pas toujours la même valeur. On distinguera :

• l'italique d'usage : règle de présentation obligatoire pour les titres des œuvres, les mots étrangers (exemple : « *revidivus* », dans le texte) ; possible pour les citations, en concurrence avec les guillemets ;

• l'italique de soulignement : choix que l'auteur fait de mettre un mot en valeur afin d'attirer l'attention du lecteur sur son importance, le double sens ou l'allusion qu'il contient.

Comment interpréter le sens ajouté par l'italique à l'expression « *à la hauteur de son époque* » ?

• Par l'intermédiaire de l'italique, Gracq rapporte une expression de ses adversaires dont il se désolidarise ;

• L'expression est de plus un cliché, que l'italique s'entend à souligner comme tel ;

• L'usage de l'italique fait entendre la voix de l'ironiste par l'intermédiaire du sous-entendu : que l'écrivain veuille être à la hauteur de son époque présuppose que celle-ci est pleine de « hauteur » ; or le texte ne cesse de démontrer le contraire en en dévoilant les bassesses. Etre à la hauteur de son époque, c'est donc se vautrer dans la petitesse.

– Quelque nouveau « poulain »

Les guillemets, comme l'italique, connaissent deux formes d'emploi :

• guillemets d'usage : pour les citations, les discours rapportés, les titres de parties d'œuvre (un poème extrait d'un recueil, par exemple) ;

• guillemets expressifs : pour exprimer la distance, le mépris ou l'ironie de l'auteur vis-à-vis des propos cités.

Les guillemets pour le mot « poulain » désignent la citation et donc l'appartenance de ce terme au vocabulaire de l'adversaire : un « poulain » signifiant ici, de façon péjorative un protégé, un écrivain soutenu. Mais l'ironie est également présente du fait de l'usage que fait Gracq du mot qu'il ratttache à la métaphore de l'écrivain-cheval, en lui redonnant son sens littéral : l'écrivain ridiculise ainsi la cible dans ses propres termes.

Deuxième partie

1) Les destinataires et les cibles de l'attaque

On s'appuiera, pour répondre à cette question, sur les observations produites en réponse à la question 1 (« Les pronoms ») et à la question 2 (« Les marques de la subjectivité de l'énonciateur ») du commentaire littéraire.

L'étude des pronoms a en effet permis de mettre en évidence la stratégie énonciative de l'attaque : au « nous » de Gracq s'associant à son lecteur, s'oppose le « il » des acteurs de la machinerie des prix littéraires. Gracq se désolidarise ainsi totalement des écrivains « nouveaux venus », dont il fait sa cible. Il recourt au présent de description pour brosser un tableau caricatural de la vie littéraire en 1950. Mais, en conservant l'anonymat de ceux qu'il attaque, Gracq confère à la satire une valeur plus universelle. Ce texte n'a pas perdu de sa pertinence et il s'adresse à tous ceux qui voudront bien condamner le fonctionnement de la vie littéraire sur le modèle de l'économie de marché, ainsi que le suggère le mot « demande » au début du passage. Le livre, tributaire de la loi de l'offre et de la demande, est réduit à n'être plus qu'un produit de consommation.

On peut alors se demander quelle part prend le public à cet état de fait. Le « nous » rassurant du pamphlétaire, qui cherche à mettre le lecteur de son côté, le montre aussi complice du système : sans spectateur, y aurait-il un spectacle ? En ce sens, Gracq cherche à faire adhérer son lecteur à sa vision des choses en lui mòntrant le spectacle de la vie littéraire sous un jour tel que l'exhibitionnisme de l'écrivain accuse indirectement le voyeurisme du public. Cet art, qui met le destinataire dans la position d'avoir à choisir entre la complicité avec la cible ou avec le polémiste, s'accompagne d'une mise en scène de la parole de l'adversaire, au moyen des italiques et des guillemets qui le citent pour mieux le confondre et l'anéantir dans ses propres termes. Arme polémique, les guillemets permettent aussi de réveiller les pouvoirs du langage. Gracq parle à ce sujet d'une « énergétique du mot » :

> [...] le mot qui ne nous semblait habilité qu'à entrer inexorablement en composition à l'état d'atome inerte [...] libère brusquement pour nous en gerbe, pulvérisant toutes ses attaches, l'énergie nucléaire insolite qu'il possédait à notre insu.
>
> André Breton, *Quelques Aspects de l'écrivain*, 1948.

2) Le rôle des métaphores

On reprendra ici les éléments d'observation de la question 1 (« Les métaphores ») dont on commentera la portée par rapport à l'intention de communication de ce texte.

Quel est le rôle des métaphores dans le texte polémique ?

- Elles contribuent à l'unité de la dénonciation qui repose entièrement sur l'exploitation de la transposition d'une réalité sociale en image.

- Elles donnent à voir, permettant ainsi au polémiste de dénoncer en montrant, de manière plus plaisante que ne le ferait un raisonnement argumenté. L'armature logique du passage s'appuie essentiellement sur une accumulation de conséquence : « fait que », « aussi voit-on »... L'enchaînement des métaphores construit un portrait-charge des cibles.

- Gracq fait dans ce texte un usage antipoétique de la métaphore : en recourant à des métaphores triviales, l'auteur en use pour dénoncer les clichés, les comportements stéréotypés dans lesquels se compromettent ses adversaires.

- Insensiblement, le spectacle des prix littéraires se tranforme en tableau des vices humains, décrits par l'intermédiaire des animaux (cheval et taureau), selon la technique très classique de la fable. L'auteur et le critique deviennent des types : ainsi s'universalise la portée de la dénonciation. Toujours actuel, à près d'un demi-siècle de distance, ce texte échappe au destin de bien des écrits polémiques que leur prise sur l'époque conduit souvent au vieillissement. Gracq renoue davantage avec la tradition des moralistes. Son spectacle des prix littéraires atteint à l'éternité d'un Giton ou d'un Phédon.

Le commentaire composé

Les éléments de réponse aux questions pourront être redistribués dans le plan suivant et enrichis d'analyses supplémentaires.

1) Un exemple d'argumentation conflictuelle

a) L'auteur, son destinataire et ses cibles

Se reporter à :
Question 1 du commentaire littéraire.
Question 1 de l'étude littéraire (deuxième partie).

b) Une attaque en règle

On mettra en évidence l'armature logique de l'argumentation. Gracq part du principe que la vie littéraire se calque sur les lois de l'offre et de la demande : le livre est implicitement comparé à un produit de consommation.

c) Un dérèglement d'humeur

Mais l'art purement démonstratif de l'argumentation se double ici d'une attaque d'humeur qui se traduit dans les violents jugements de valeur que Gracq porte sur l'adversaire.

Se reporter à :
Question 2 du commentaire littéraire.

2) Les armes de l'attaque

a) Italiques et guillemets : éreinter l'adversaire dans sa propre langue

Se reporter à :
Question 3 de l'étude littéraire (première partie).

b) La parade des métaphores : un tableau des vices humains

Se reporter à :
Question 2 de l'étude littéraire (deuxième partie).

2 Sujet traité

SUJET 8
Jean-Paul SARTRE (1905-1980)
Les Mots, 1964

[...] Sur les terrasses du Luxembourg, des enfants jouaient, je m'approchais d'eux, ils me frôlaient sans me voir, je les regardais avec des yeux de pauvre : comme ils étaient forts et rapides ! comme ils étaient beaux ! Devant ces héros de chair et d'os, je perdais mon intelligence prodigieuse, mon savoir universel, ma musculature athlétique, mon adresse spadassine ; je m'accotais à un arbre, j'attendais. Sur un mot du chef de la bande, brutalement jeté : « Avance, Pardaillan [1], c'est toi qui feras le prisonnier », j'aurais abandonné mes privilèges. Même un rôle muet m'eût comblé ; j'aurais accepté dans l'enthousiasme de faire un blessé sur une civière, un mort. L'occasion ne m'en fut pas donnée : j'avais rencontré mes vrais juges, mes contemporains, mes pairs, et leur indifférence me condamnait. Je n'en revenais pas de me découvrir par eux : ni merveille ni méduse, un gringalet qui n'intéressait personne. Ma mère cachait mal son indignation : cette grande et belle femme s'arrangeait fort bien de ma courte taille, elle n'y voyait rien que de naturel : les Schweitzer sont grands et les Sartre petits, je tenais de mon père, voilà tout. Elle aimait que je fusse, à huit ans, resté portatif et d'un maniement aisé : mon format réduit passait à ses yeux pour un premier âge prolongé. Mais voyant que nul ne m'invitait à jouer, elle poussait l'amour jusqu'à deviner que je risquais de me prendre pour un nain — ce que je ne suis pas tout à fait — et d'en souffrir. Pour me sauver du désespoir elle feignait l'impatience : « Qu'est-ce que tu attends, gros benêt ? Demande-leur s'ils veulent jouer avec toi. » Je secouais la tête : j'aurais accepté les besognes les plus basses, je mettais mon orgueil à ne pas les solliciter. Elle désignait des dames qui tricotaient sur des fauteuils de fer : « Veux-tu que je parle à leurs mamans ? » Je la suppliais de n'en rien faire ; elle prenait ma main, nous repartions, nous allions d'arbre en arbre et de groupe en groupe, toujours implorants, toujours exclus.

(1) *Pardaillan* : héros de la série des *Pardaillan*, roman populaire et d'aventure de Zevaco, lecture des enfants de la génération de Sartre.

COMMENTAIRE LITTERAIRE

Première partie : 4 points

1. Combien d'années séparent le jeune Jean-Paul de Sartre, l'auteur des *Mots* ? *(1 point)*

2. Quelle est la valeur de l'imparfait dans ce texte ? *(2 points)*

3. Quelle est la valeur du présent dans :

« — ce que je ne suis pas tout à fait — » *(1 point)*

Deuxième partie : 16 points

Vous ferez un commentaire composé de ce texte.

ETUDE LITTERAIRE

Première partie : 8 points

1. Quels sont les traits caractéristiques de l'autobiographie dans ce texte ? *(4 points)*

2. Citez un exemple de discours rapporté au style direct ; un exemple de style indirect libre. *(2 points)*

3. Caractérisez le ton de cette phrase : « Devant ces héros de chair et d'os, je perdais mon intelligence prodigieuse, ma musculature athlétique, mon adresse spadassine. » *(2 points)*

Deuxième partie : 12 points

1. D'après cet extrait, comment comprenez-vous le titre que Sartre a choisi de donner à son autobiographie ? *(6 points)*

2. En vous appuyant sur une étude précise du vocabulaire, de l'énonciation et des figures de style, vous analyserez les caractéristiques de la relation entre la mère et le fils, dans ce passage. *(6 points)*

Commentaire littéraire

Première partie

1) Jean-Paul Sartre

Les Mots fut publié en 1964. Les souvenirs du Luxembourg remontent à l'âge de huit ans, ainsi que l'indique le texte : « Elle aimait que je fusse, à huit ans, resté portatif et d'un maniement aisé. » Cinquante et un an séparent donc le jeune Jean-Paul, de Sartre, l'écrivain.

2) La valeur de l'imparfait

Ce récit autobiographique est à l'imparfait et non, comme on pourrait s'y attendre, au passé simple. Il s'agit d'un imparfait itératif au moyen duquel Sartre raconte en une seule fois des événements qui se sont produits à plusieurs reprises, des sentiments qu'il a éprouvés chaque fois qu'il allait au Luxembourg.

3) La valeur du présent

Il s'agit d'un présent de commentaire : l'écrivain interrompt un instant le déroulement du récit pour apporter à l'énonciation de discours (« ce que je ne suis pas tout à fait ») une correction à l'image que pourrait donner de lui ses craintes d'enfant.

Deuxième partie

Le commentaire composé

Sartre est le célèbre auteur de *La Nausée* (1938), de *L'Etre et le Néant* (1943) et de *Huis Clos* (1944) lorsqu'il publie, à l'âge de cinquante-neuf ans, une autobiographie intitulée *Les Mots*, dans laquelle il retrace son enfance parmi les livres. C'est au jardin du Luxembourg que le narrateur se trouve pour la première fois confronté aux autres. L'écrivain évoque avec distance et humour ce premier contact avec une réalité bien différente de celle qu'il s'était imaginée. En même temps qu'il se rappelle le sentiment d'exclusion dont il a souffert, Sartre, orphelin de père, se souvient du lien privilégié qui l'unissait à sa mère. Ainsi que le laisse entendre le titre de l'autobiographie, l'enfance de l'exclu n'est pas dissociable de l'avenir de l'écrivain, dont le destin fut placé sous le signe tantôt douloureux, tantôt victorieux des mots.

Dans un récit à l'imparfait itératif, Sartre évoque ses sorties au jardin du Luxembourg et sa difficulté à s'intégrer au monde des enfants de son âge et à partager leurs jeux. Il observe la société des enfants en spectateur, ne réussissant pas à y obtenir le moindre rôle d'acteur. La métaphore du théâtre permet d'opposer à l'image héroïque des autres celle, disqualifiée, de soi : « héros de chair et d'os » s'oppose à « gringalet qui n'intéressait personne » .

Mais l'exclusion s'accompagne d'une auto-exclusion : réponse orgueilleuse du jeune Sartre à l'indifférence de ses camarades. Ne pouvant même accéder à un « rôle muet », il adopte un mutisme de revanche. L'autobiographie met ainsi en évidence le rôle des premières expériences sociales dans le développement ultérieur des thèmes philosophiques chers à Sartre. On ne peut que rapprocher cette première confrontation avec l'altérité menaçante des propos que Sartre prête à l'un de ses personnages dans *Huis Clos* : « l'enfer c'est les autres ».

Si la rencontre avec les autres ne débouche pas sur une communication, elle révèle à Sartre une vérité sur lui-même dont l'avait protégé la fiction. Prenant conscience de soi à travers le regard des autres, il fait l'épreuve d'une expérience narcissique douloureuse : au miroir d'autrui son image a perdu toute la grandeur que lui conférait la projection héroïque et romanesque. Ainsi qu'en témoignent les antithèses qui opposent l'image idéale de soi aux illusions perdues. La métaphore du procès (« j'avais rencontré mes vrais juges, mes contemporains, mes pairs, et leur indifférence me condamnait ») voue Sartre à l'exclusion.

Seul le regard de la mère est un regard aimant. A la fois médiatrice avec le monde et compagne en exclusion, la mère tente d'établir, pour son fils, le lien avec les autres. Mais elle participe en même temps à l'exclusion par l'exclusivité de l'amour qu'elle porte à son fils, en le retenant dans le monde de l'enfance. Même si cela n'échappe pas à Sartre, celui-ci rend dans ce passage un hommage discret à l'amour de sa mère : il devine à son tour, et à distance, ses pensées comme elle devinait jadis les siennes sans même avoir à échanger un mot. Tandis que le silence traduit l'absence de communication avec les autres, il devient, dans la relation avec la mère, le gage même de la complicité.

Mais, si le monde de l'enfance est marqué par la difficulté de communiquer, par le silence et l'attente angoissée du mot (« un seul mot »), le monde de l'adulte est au contraire celui de la maîtrise du passé et des sentiments par l'écriture. Revanche des mots de l'écrivain sur les maux de l'enfance, l'autobiographie permet ici de racheter l'exclusion passée par la communication présente avec le lecteur.

Plus que le héros du livre des autres, Sartre est devenu le héros de son propre livre, *Les Mots*. Plus encore, il est aujourd'hui l'écrivain qui met au monde les êtres de fiction, après avoir été un lecteur de romans fasciné. Aussi peut-il désormais regarder avec humour la tragédie de son incommunication.

Il peut surtout, regardant l'enfance depuis l'âge adulte, relire à la lumière de ce qu'il est devenu les épisodes douloureux d'hier et faire de son enfance d'exclu l'inspiratrice et la raison d'être d'une philosophie qui s'interrogera passionnément sur le rapport aux autres.

La souffrance de l'enfant n'aura donc pas été vaine puisqu'elle aura permis à l'écrivain de naître et lui aura fourni les bases de l'œuvre à venir. *Les Mots* se présente donc comme l'autobiographie d'un écrivain et la genèse de sa vocation. Le livre comporte d'ailleurs deux parties intitulées l'une « Lire » et l'autre « Ecrire ».

Etude littéraire

Première partie

1) Les traits caractéristiques de l'autobiographie

Ce texte présente tous les traits caractéristiques de l'autobiographie.

Les souvenirs d'enfance

L'autobiographie se définit par son sujet : il s'agit d'un récit de vie, non fictif. Ici Sartre évoque le souvenir de ses sorties au jardin du Luxembourg.

Un récit à la première personne

L'autobiographie est habituellement à la première personne, comme c'est ici le cas.

L'identité de nom entre auteur/narrateur et personnage

Le pronom « je » désigne aussi bien le personnage (l'enfant) que le narrateur et l'auteur, Jean-Paul Sartre. La mention du nom de l'auteur dans le récit (« les Schweitzer sont grands et les Sartre petits ») atteste la présence du pacte autobiographique.

La distance entre hier et aujourd'hui

Toutefois, l'identité de nom entre l'auteur et le personnage ne saurait masquer la distance temporelle qui sépare l'enfant (au Luxembourg) de l'adulte (qui écrit son autobiographie). C'est pourquoi l'on trouve des marques de l'opinion du narrateur adulte qui peut intervenir directement à l'énonciation de discours pour commenter au présent d'énonciation un fait ou un sentiment passé : « — ce que je ne suis pas tout à fait — » en est un exemple.

2) Les discours rapportés

Discours rapporté au style direct

Les paroles de la mère sont rapportées au discours direct mais sans verbe introducteur de paroles : « Veux-tu que je parle à leurs mamans ? »

Discours rapporté au style indirect libre

« comme ils étaient forts et rapides ! comme ils étaient beaux ! »

Sartre, l'écrivain, rapporte ici ses pensées d'enfant fasciné par les autres sans toutefois recourir à la citation exacte de ces pensées, qui aurait nécessité le présent, à la place de l'imparfait.

3) Le ton

Le ton de la phrase traduit l'ironie de l'adulte par rapport aux croyances de l'enfant.

L'ironie consiste à faire entendre le contraire de ce que l'on dit.

Sartre nous fait en effet comprendre à la fois ce qu'il croyait être et ce qu'il n'était pas. L'hyperbole est la figure qui signale ici l'ironie : les qualités dont l'enfant se croit pourvu sont trop exagérées pour pouvoir être vraies.

L'hyperbole est une figure d'exagération qui consiste à augmenter ou à diminuer excessivement le degré de vérité d'une qualité, d'une impression, d'un sentiment.

Le fait qu'ici l'ironie porte sur soi-même et non sur autrui la rapproche davantage de l' humour .

On peut définir l'humour comme « une acceptation consciente de la différence entre l'idéal et le réel, différence que l'on n'hésite pas à souligner, ce qui est une façon de se dégager» (Bernard Dupriez, *Gradus. Les Procédés littéraires*, 10/18).

Deuxième partie

1) Le titre : *Les Mots*

Le texte d'étude éclaire fort bien le choix du titre donné à l'œuvre. Les mots peuvent être compris de plusieurs manières : il y a les mots dont l'enfant s'est nourri par ses lectures, il y a les mots que ne daignent pas adresser les enfants au jeune garçon et enfin les mots du texte lui-même.

Le champ lexical de la littérature, qu'il s'agisse du roman (« héros », « Pardaillan ») ou du théâtre (« rôle muet », « feras le prisonnier », « faire un blessé [...] un mort ») restitue l'imaginaire livresque de l'enfant. La scène du Luxembourg est 0racontée de manière à faire valoir l'opposition entre l'univers de la fiction et celui de la réalité, entre les êtres de papier et les « héros de chair et d'os » que représentent les autres enfants. La polysémie du verbe « jouer », qui revient plusieurs fois dans le texte, favorise le parallèle entre le jeu au sens ludique et le jeu au sens théâtral. Après avoir vécu à travers les mots dans un univers de projection où l'héroïsme est à portée du lecteur, le narrateur se heurte au principe de réalité qui lui révèle le caractère illusoire de l'identité fictive qu'il s'était construite, ainsi qu'en témoignent les oppositions lexicales : « musculature athlétique »/« gringalet » ; « yeux de pauvre » /« privilèges » …

Dans cette scène muette où tout se passe dans la conscience de l'enfant, l'absence des mots traduit l'absence de communication entre Sartre et ses contemporains. La mère seule verbalise le malaise de son fils : « demande-leur » , « veux-tu que je parle à leurs mamans ? ». L'indifférence des enfants se traduit par leur mutisme à l'égard de Sartre, attendant vainement « un mot du chef de la bande ». Le rôle du mort, convoité par Sartre, dit assez bien qu'il n'est rien aux yeux d'autrui. Mais le silence est aussi la réponse orgueilleuse de l'enfant à l'indifférence des autres.

Quelque cinquante ans plus tard, Sartre met en mots la douleur de l'incommunicabilité. L'enfant muet est devenu un écrivain, un homme de parole, qui communique au moyen des mots avec ses lecteurs. Cette épisode éclaire donc le lien qui unit les déboires de l'enfant à la vocation de l'écriture.

2) La relation mère/fils

Proches par le sentiment, le fils et la mère partagent la blessure narcissique de l'enfant : au « désespoir » du fils correspond « l'indignation » de la mère. Tous deux se comprennent sans avoir à parler : la mère devine le fils et réciproquement, puisque Sartre reconstruit, avec beaucoup d'humour, le point de vue de sa mère sur sa petite taille : « Elle aimait que je fusse, à huit ans, resté portatif et d'un maniement aisé. »

Cette métaphore de l'enfant-objet trahit néanmoins le désir contradictoire de la mère : faire accepter son fils par les autres, mais aussi le garder pour elle. Elle tente d'établir le lien avec le monde en encourageant l'enfant tout en désirant conserver Jean-Paul enfant le plus longtemps possible. De son côté, Sartre désire se socialiser tout en refusant de quitter le monde rassurant de la mère.

L'évocation s'achève ainsi sur l'image du couple d'exclus que forment la mère et l'enfant.

COMPLEMENTS NOTIONNELS ET HISTORIQUES

Absurde (philosophie de l')

Caractérise ce qui échappe au sens et à la justification que peut en donner notre raison. Pour Albert Camus, l'absurde provient de l'appel sans réponse de l'homme vers la signification et l'unité. Condamné par les dieux à rouler éternellement son rocher, Sisyphe est le héros absurde par excellence. D'autres écrivains, comme Beckett ou Ionesco, ont fait de l'absurde l'un des traits essentiels de la condition humaine.
Voir **Existentialisme**.

Allégorie

Personnification d'une idée abstraite ou d'un sentiment.
Exemple : L'allégorie de l'amour-enfant dans *Le Jeu de l'amour et du hasard* de Marivaux.

Allitération

Répétition d'une même consonne ou suite consonnantique, dans un poème ou dans un texte en prose.
Exemple : Et l'on prit un drap blanc dans l'armoire en noyer (Victor Hugo).

Analepse

On parle d'analepse, dans un récit, lorsque la narration interrompt le cours des événements pour raconter ou évoquer un épisode antérieur.
L'analepse peut avoir différentes raisons d'être. Elle permet :

- de faire un retour explicatif en arrière ;
- de contribuer au suspense en introduisant une digression dans la conduite de la narration.

Anaphore

Répétition d'un même mot ou groupe de mots en début de phrase ou de vers.
Exemple :
[...]
Ma femme au ventre de dépliement d'éventail des jours
Au ventre de griffe géante
Ma femme au dos d'oiseau qui fuit vertical
Au dos de vif-argent
Au dos de lumière
[...]
André Breton, « Ma femme », *L'Union libre*.

Aparté

Au théâtre : réplique prononcée par un personnage qui ne souhaite pas être entendu par ses interlocuteurs. L'aparté est le plus souvent signalé par la didascalie « *à part* ».

Apocope

En poésie : suppression en fin de mot d'un *e* caduc non élidable. L'apocope peut figurer à l'intérieur ou en fin de vers.
Exemple : *Mill' doux mots, doucement imprimés.*
Du Bellay, *L'Olive*.

Argumentation par l'exemple

Se distingue de l'argumentation par le raisonnement.

Argumentation qui se présente sous la forme d'une fiction (fable, apologue, conte) avec laquelle elle entretient un rapport d'analogie. Ce type d'argumentation comporte donc une structure narrative et une intention de communication argumentative. La thèse, qui se déduit de l'exemple, doit être reconstruite par le lecteur.
Voir **Texte argumentatif**.

Assonance

Répétition d'une même voyelle ou suite vocalique, dans un poème ou dans un texte en prose.
Exemple :
Les sanglots longs
Des violons
De l'automne
Blessent mon cœur
D'une langueur
Monotone.
Paul Verlaine, « Chanson d'automne », *Poèmes saturniens*, 1866.

Auteur

Personne qui écrit et signe le livre. L'auteur se distingue du narrateur.

Autobiographie

Récit à la première personne dans lequel un homme, généralement célèbre, retrace sa vie. On reconnaît l'autobiographie à l'identité de nom entre l'auteur, le narrateur et le personnage.
Exemple : Rousseau est l'auteur des *Confessions*, c'est lui qui raconte sa vie passée (narrateur) et il est aussi l'acteur principal du récit (personnage).
Le genre autobiographique est vaste. Il comprend les mémoires, le journal, les confessions...

Ballade

Poème de forme régulière composé de trois couplets ou plus, avec un refrain et un envoi (la dernière strophe dédie le poème à quelqu'un).

Champ lexical

Ensemble de termes se rattachant à une même réalité ou à un même concept.
Exemple : Les mots « bruit », « musique », « chantonner », « vibrante voix », « cantatrice » appartiennent au champ lexical du son.

Chute

La chute est une fin de texte particulièrement soignée, que l'auteur souligne par un changement de rythme, un paradoxe, une image forte qui frappent l'imagination du lecteur.

Classicisme/classique

De l'adjectif « classique », de première classe. Ce mot désigne ensuite ce qui est enseigné en classe et, par extension, l'école littéraire du Grand siècle, inspirée des auteurs de l'Antiquité gréco-latine.
Par extension, il s'oppose à « modernisme » et à « romantisme » ; l'adjectif « classique » s'oppose

aussi à « baroque », « original », « excentrique », car le classique imite les Anciens, qui font autorité.

Code

Ensemble des éléments et des règles qui constituent un système de communication.

Comédie/comique

Pièce de théâtre divertissante, fondée sur la peinture des mœurs et des ridicules humains, née en Grèce antique, comme la tragédie.
L'adjectif « comique » s'applique à tout ce qui fait rire ; le nom, « le comique », désigne le principe et les ressorts du rire.

Connotation/dénotation

La dénotation est le sens premier et explicite d'un mot tel qu'il est défini par le dictionnaire. La dénotation prend valeur de référence objective en matière de sens pour les usagers d'une langue.
La connotation est l'ensemble des valeurs plus subjectives qui peuvent s'ajouter au mot au cours de son usage, selon le contexte dans lequel il est employé. La connotation est donc évolutive et variable d'un émetteur à un autre, d'un contexte culturel et/ou textuel à un autre.

Conte philosophique

Sous-genre littéraire propre au XVIIIe siècle, présentant sous la forme d'un conte une ou plusieurs thèses liées à l'exercice de l'esprit critique dans les domaines social, politique, religieux et idéologique.

Dénouement

Au théâtre : partie de la pièce qui comprend l'élimination du dernier obstacle.

Didascalie

Toute partie du discours théâtral qui n'est pas constituée par les paroles des personnages. La liste des personnages, les indications scéniques forment la didascalie.

Discours

Au sens courant un discours est une suite de paroles.
Au sens linguistique, on parle d'énonciation de discours (par opposition avec l'énonciation de récit) lorsque l'énonciateur situe son propos par rapport au moment et au lieu de l'énonciation.

Distinguo

En latin, signifie le plus souvent « je distingue ». Le *distinguo* est, le plus souvent, dans le cadre de l'argumentation, une figure de distinction entre deux concepts ou deux sens d'un même mot.

Distique

Ensemble de deux vers unis par la rime. Le sizain du sonnet comporte un distique.
Exemple :
Mille doux mots, doucement exprimés,
Mill' doux baisers, doucement imprimés [...]
Du Bellay, *L'Olive*, 1549-1550.

Drame

Désigne toute pièce de théâtre et, dans un sens plus restreint, une pièce où se mêlent le comique et le tragique.
Exemple : Le drame bourgeois, le drame romantique.

Ellipse

On distinguera la phrase elliptique et l'ellipse narrative.
L'ellipse consiste en une suppression de mots qui n'empêche pas la compréhension du sens de la phrase mais en modifie le rythme et le style.
Exemple : *Il tendit le bras, prit la lettre : écriture inconnue, cachet illisible.* (Louis Guilloux, *Le Sang noir*) : ellipse du ou des verbes dans la seconde partie de la phrase.

L'ellipse narrative concerne le déroulement de la narration : l'auteur choisit de ne pas raconter tel ou tel épisode de l'histoire qu'il passe sous silence (ellipse implicite) ou dont il signale l'absence (ellipse explicite).
Exemple : *J'étais arrivé à une presque complète indifférence à l'égard de Gilberte, quand deux ans plus tard je partis avec ma grand-mère pour Balbec.*
Marcel Proust, *A l'ombre des jeunes filles en fleurs*.

Enonciation

Acte de production d'un énoncé. Les quatre paramètres de l'énonciation sont : le locuteur, l'interlocuteur, le temps et l'espace. L'énoncé peut porter des marques de son énonciation, comme le pronom personnel de la première personne.

Euphémisme

Figure d'atténuation qui consiste à désigner une réalité désagréable ou pénible au moyen d'un autre terme, plus acceptable.
Exemples : Une tumeur pour un cancer. Supprimer pour tuer.

Existentialisme

Mouvement littéraire d'origine philosophique ; s'appuie sur l'idée selon laquelle l'existence précède l'essence. L'homme se construit dans sa relation avec le monde extérieur. L'existentialisme évoque le climat politique et littéraire qui entoure la Seconde Guerre mondiale plus qu'il ne désigne une école à proprement parler. Les noms de Sartre (*La Nausée*, 1938), de Camus (*Le Mythe de Sisyphe*, *L'Étranger*, 1942), de Simone de Beauvoir (*L'Invitée*, 1943) restent attachés à cet esprit de questionnement philosophique.

Exposition (scène d')

Scène qui prend place dans l'exposition, partie de la pièce de théâtre qui instruit le spectateur de tous les faits nécessaires à l'intelligence de la situation initiale. L'exposition peut s'étendre sur plusieurs scènes mais ne dépasse généralement pas le premier acte.

Focalisation

Voir à **Point de vue**.

Fonction poétique

La fonction poétique de la langue a été définie par le linguiste Jakobson. Elle se caractérise par l'intérêt porté à la forme même de la langue, au signifiant et aux jeux qu'il autorise.
Voir **Signe**.

Genres littéraires

Le classement par genres littéraires remonte à l'Antiquité (Platon, Diomède, Aristote) mais n'a cessé d'évoluer au cours de l'histoire ; il permet de distinguer des ensembles de textes, régis par des conventions littéraires différentes qui déterminent notamment le rapport de l'écrivain et du lecteur au texte.
On distingue aujourd'hui trois grands genres :

- le roman (étymologiquement, tout texte en langue populaire, au Moyen Age) ;
- le théâtre (texte joué sur scène, d'origine religieuse) ;
- la poésie (texte obéissant à diverses contraintes de forme).

Ne pas confondre le genre avec l'école littéraire, qui regroupe des auteurs écrivant selon un projet particulier : réalisme, romantisme…

Guillemets

Signe typographique connaissant essentiellement deux types d'emplois :

- les guillemets d'usage : pour les citations, les discours rapportés, les titres de parties d'œuvre (un poème extrait d'un recueil, par exemple) ;
- les guillemets expressifs : pour exprimer la distance, le mépris ou l'ironie de l'auteur vis-à-vis des propos cités ou au contraire pour faire valoir le sens particulier que prend un mot dans le contexte.

Histoire

Egalement appelée « fable », l'histoire désigne la matière du récit, la trame des événements. Elle répond à la question : « Qu'est-ce-qui est raconté ? » L'ordre de l'histoire est toujours chronologique.
Voir **Narration**.

Homonyme

Sont homonymes les mots qui sont de même son mais non de même sens :
Exemples :
• poids, poix, pois (homonymes de même classe grammaticale)
• vert, ver, verre, vers (homonymes de classes grammaticales différentes).

Humour

Expression sérieuse d'idées absurdes ou ridicules, ou à l'inverse, expression dérisoire d'idées sérieuses ou tragiques. L'humour provient d'un décalage entre le fond et la forme.
On peut aussi définir l'humour comme « une acceptation cons-

ciente de la différence entre l'idéal et le réel, différence que l'on n'hésite pas à souligner, ce qui est une façon de se dégager ». (Bernard Dupriez, *Gradus. Les Procédés littéraires*, 10/18).

Hyperbole

L'hyperbole est une figure d'exagération qui consiste à augmenter ou à diminuer excessivement le dégré de vérité d'une qualité, d'une impression, d'un sentiment.
Exemple : Arlequin appelant Lisette « prodige de nos jours » dans *Le Jeu de l'amour et du hasard* (Marivaux).

Imparfait itératif

« Itératif » signifie : qui se réitère, se répète.
L'imparfait itératif permet de raconter en une fois des évènements qui se sont produits à plusieurs reprises.

Indices d'énonciation

Ce sont les marques inscrites dans le texte qui permettent d'évaluer le degré de subjectivité ou d'objectivité avec lequel s'exprime le propos. Parmi les marques de la subjectivité, on relève : les interventions ou commentaires de l'énonciateur, les effets typographiques, les modalités de phrase (exclamative, interrogative...), les termes chargés de subjectivité pour exprimer un jugement favorable ou défavorable (horrible, excellent...), l'incertitude ou l'approximation (à peu près, une sorte de...), la certitude (assurément, évidemment...).

Intertextualité

On appelle intertextualité les relations qu'un texte entretient avec un autre sous forme d'allusion, de citation, de réécriture.

Ironie

Figure qui consiste à faire entendre le contraire de ce que l'on dit. On ne peut déterminer l'ironie qu'en fonction du contexte d'énonciation qui l'éclaire.
Lorsque Sartre, par exemple, parle de sa « musculature athlétique », c'est par antiphrase.

Italique

Procédé typographique. On distinguera :

- l'italique d'usage : règle de présentation pour les titres des œuvres, les mots et locutions étrangères ; les citations (en concurrence avec les guillemets) ;
- l'italique de soulignement : choix que l'auteur fait de mettre un mot en valeur afin d'attirer l'attention du lecteur sur son importance, de produire un effet de sens surajouté (double sens, allusion).

Journal

Au sens littéraire : genre autobiographique fictif (comme *Le Horla* de Maupassant) ou non (*Journal* de Gide) qui consiste à consigner les faits de la vie, au jour le jour, en faisant alterner le temps du vécu et le temps de la narration.

Liaison (entre les scènes)

Au théâtre, la liaison dépend du type de relation entre deux personnages de deux scènes successives d'un même acte.

La forme de liaison la plus fréquente entre les scènes est « la liaison de présence », ainsi appelée dans la dramaturgie classique parce que restent en scène un ou plusieurs acteurs de la scène précédente.

Lyrisme/lyrique

Du mot « lyre », intrument avec lequel Apollon, dieu des arts, accompagnait ses chants ; le lyrisme est l'expression des sentiments intimes du poète, propre à transmettre l'émotion ressentie par le « chanteur ».

L'adjectif « lyrique » s'applique à cette sorte de poésie ou, plus largement, à tout sentiment exalté ou passionné.

Les thèmes lyriques les plus représentatifs sont l'amour, la mort, la nature, et ce qui les rassemble, le sentiment de la fuite du temps.

Manifeste

Déclaration publique d'un roi, d'un puissant ou d'un parti qui a pour but d'expliquer les raisons de ses actes ou de sa politique.

Par extension, déclaration publique d'un mouvement littéraire fondant et exposant ses positions esthétiques et/ou politiques, sur un ton le plus souvent polémique.

Exemple : *Manifeste du surréalisme*, d'André Breton.

Mémoires

Forme d'autobiographie qui accorde à l'Histoire une importance aussi grande qu'à l'histoire personnelle.

Métaphore

Elle se distingue de la comparaison

- par l'absence d'outil de comparaison ;
- par l'identification et non plus le simple rapprochement du comparant et du comparé.

Exemple : *Vos yeux sont les filous qui me l'ont volée [la raison]* ; Arlequin, Marivaux, *Le Jeu de l'amour et du hasard* (acte II, scène 3).

Quand l'un des termes est absent, la métaphore est dite *in asentia* (par opposition à la métaphore *in praesentia* qui met en présence le comparant et le comparé, comme dans l'exemple de Marivaux).

Exemple : « Mordre dans la vie », compare implicitement la vie à un fruit.

La métaphore est filée lorsqu'elle se développe sur plusieurs mots. Elle peut s'étendre au-delà de la phrase à l'échelle d'un texte entier.

Exemple : *Un amour de votre façon ne reste pas longtemps au berceau ; votre premier coup d'œil a fait naître le mien, le second lui a donné des forces et le troisième l'a rendu grand garçon ; tâchons de l'établir au plus vite ; ayez soin de lui puisque vous êtes sa mère.* (Arlequin) Marivaux, *Le Jeu de l'amour et du hasard* (acte II, scène 3). *Voir aussi* **Allégorie**.

La métaphore est dite éteinte lorsqu'elle désigne des images figées

par l'usage, qui ont perdu leur force évocatoire.
Exemple : « se noyer dans un verre d'eau », « redresser la barre »...
Lorsque la langue ne connaît pas d'autre désignation que métaphorique, on parle de catachrèse.
Exemple : Le pied de la table.

Métonymie

Figure qui consiste à substituer un terme à un autre terme (pour désigner un même référent) lié au premier par un lien logique suffisamment net pour que l'on puisse le reconstituer.
Exemple : « demi-siècle de servitude » se substitue à « vieille femme » pour désigner Catherine Leroux en vertu d'un lien entre la fonction sociale (paysanne) de la femme et son identité.

Mètre

Nature du vers déterminé par le nombre de syllabes qui le composent.
Exemple : *Ces deux yeux bruns, deux flambeaux de ma vie.* (Ronsard) : décasyllabe.

Monologue

Au Moyen Age, le monologue est une pièce de théâtre à un seul personnage.
A l'âge classique, le monologue désigne une scène durant laquelle un personnage seul ou qui se croit seul exprime ses sentiments devant le public.
On parle de monologue intérieur, dans un roman, lorsque le narrateur rapporte les réflexions et les pensées d'un personnage.

Motif

Terme littéraire pour désigner un élément constitutif d'un récit : le motif du mariage, de l'adultère...

Narrateur

Le narrateur, contrairement à l'auteur, n'est pas une personne réelle mais un « être de papier » qui a pour fonction de raconter.
Le narrateur peut sembler s'effacer derrière la troisième personne du récit, mais n'en demeure pas moins présent. Il se manifeste parfois par des commentaires, des opinions, qui peuvent fort bien être différentes de celles de l'auteur.

Narrateur-personnage

Quand un personnage prend en charge la fonction de narrateur pour raconter une histoire à laquelle il participe, on parle de narrateur-personnage. Le narrateur s'exprime alors à la première personne.

Narration

Acte de formulation écrite ou orale par lequel une histoire est racontée. Elle répond à la question : « Comment est-ce raconté ? »
L'ordre de la narration ne suit pas nécessairement l'ordre de l'histoire.
L'analepse et la prolepse offrent

des exemples de décalalage entre l'ordre de la narration et l'ordre de l'histoire.

Voir **Analepse** et **Prolepse**.

Néologisme

Mot inventé, formé le plus souvent sur le modèle de termes existants. Le néologisme sert à désigner une réalité nouvelle pour laquelle la langue ne dispose pas de mot. Il peut également avoir une valeur purement littéraire : « radioter » par exemple, dans *La Littérature à l'estomac* de Julien Gracq, participe à la stratégie polémique de l'auteur.

Nouvelle

Récit en prose, plus court que le roman, généralement centré sur une seule action. Dans *Formes simples* (Le Seuil, coll. « Poétique », 1972), Jolles définit la nouvelle comme une forme qui s'efforce « de raconter un fait ou un incident frappant de telle manière qu'on ait l'impression d'un événement réel et que cet incident nous semble lui-même plus important que les personnages qui le vivent ».

La nouvelle se développe en France au XVe siècle et connaît une grande fortune au XIXe siècle où la plupart des grands romanciers cultivent aussi ce genre (Nodier, Mérimée, Maupassant lui doivent pour une part leur renommée). Elle se subdivise à son tour en sous-genres : nouvelle fantastique, policière, réaliste...

Ode

Dans la littérature grecque, l'ode est un poème lyrique destiné à être chanté ou dit avec un accompagnement musical (les *Odes* de Pindare). Au XVIe siècle, l'ode est un poème lyrique d'inspiration élevée, le plus souvent constitué de strophes symétriques (*Odes* de Ronsard). Dans son poème en vers libres, intitulé « Ode », Valery Larbaud fait un usage très large du mot pour désigner un poème exploitant toutes les ressources les plus modernes du chant poétique.

Ordre de la narration

L'ordre de la narration est l'ordre choisi pour raconter les événements. Il se distingue de l'ordre de l'histoire qui est forcément chronologique. Quand on raconte, on peut commencer par la fin, le milieu de l'histoire, faire des retours en arrière ou laisser prévoir la suite.

Oxymore

Alliance de termes incompatibles dans l'usage courant.

Exemples : *Cette obscure clarté qui tombe des étoiles* (Pierre Corneille).
Le soleil noir de la mélancolie (Gerard de Nerval).

En créant des images contradictoires, l'oxymore donne à voir une réalité insoupçonnée.

Pamphlet

Texte satirique dénonçant la corruption des valeurs morales, politiques, philosohiques... Le pamphlétaire est détenteur, plus que d'une thèse, de la vérité même qu'il s'efforce de rétablir.

Parataxe

Se caractérise par l'effacement des mots (prépositions, conjonctions, verbe copule, etc.) qui ont pour rôle d'indiquer le rapport des syntagmes entre eux, et plus largement par tout effacement morphologique ou lexical.

Paratexte

Le paratexte (préfixe du grec *para-*, au sens de « à côté de ») désigne tout texte entourant le texte principal : titre, notes, introduction...

Parodie

Imitation burlesque d'une œuvre, d'un genre ou d'un code littéraire.
Exemple : L'allégorie de l'amour-enfant dans *Le Jeu de l'amour et du hasard* de Marivaux.

Paronyme

Mots proches par leur prononciation et leur graphie mais dont le sens diffère.
Exemples : Percepteur/précepteur, rayer/railler, liaison/lésion...
« Paladin » et « baladin » dans *Le Bourgeois gentilhomme* de Molière.

Périphrase

Figure de rhétorique qui consiste à désigner une chose, une personne ou une idée au moyen d'une expression ou d'une phrase plus indirecte que le terme habituel.
Exemple : *C'était l'heure tranquille où les lions vont boire* (Hugo), pour « le soir ».

Personnage

Le personnage participe à l'action, dans un récit. C'est lui qu'il convient d'identifier derrière la troisième personne (il(s), elle(s)) utilisée par le narrateur pour le désigner. On distingue les personnages principaux (héros de l'histoire) des personnages secondaires.
Exemple : Dans *Madame Bovary*, Catherine Leroux, qui fait son unique apparition dans le passage étudié, est un personnage secondaire.

Personnage-type

Au théâtre, personnage dont le rôle est codé, que l'on retrouve (avec des variantes) d'une pièce à l'autre.
Exemple : Le valet, originaire de la comédie latine.

Personnification

Figure de rhétorique qui consiste à prêter à un objet ou une entité des qualités humaines.
Exemple :
Et la nature amoureuse
Dormait dans les grands bois sourds
V. Hugo, *Les Contemplations*.

Pétrarque/pétrarquisme

Pétrarque (1304-1374) est un poète et humaniste italien qui eut en Italie et en France de nombreux imitateurs : le pétrarquisme désigne le mouvement français qui adapte la poésie de Pétrarque, s'inspirant de ses formes (le sonnet, notamment) et de ses thèmes (principalement celui de l'amour sublime). Le verbe « pétrarquiser » signifiait : faire des vers à la manière de Pétrarque.

Poème en prose

Poème sans vers ni rimes, se distinguant néanmoins de la prose par sa liberté référentielle, sa brièveté (une ou deux pages), sa recherche formelle sur les sonorités, les images et le rythme. Baudelaire, qui le mit à l'honneur, le définit ainsi dans sa correspondance (1861) : « [...] le miracle d'une prose poétique, musicale sans rythme et sans rime, assez souple et assez heurtée pour s'adapter aux mouvements lyriques de l'âme, aux ondulations de la rêverie, aux soubresauts de la conscience ».

Poétique

● L'adjectif « poétique » se dit de ce qui se rapporte à l'art de la poésie et, par extension, à tout ce qui dans le réel touche, charme et élève l'esprit à l'égal de la poésie.

● Le substantif « poétique » s'appuie sur l'étymologie (*poiein* : fabriquer) pour désigner l'art d'un écrivain – poète aussi bien que romancier –, la manière dont son œuvre est fabriquée.

Point de vue

La notion de point de vue peut s'entendre de deux façons tout à fait différentes :

● au sens traditionnel d'opinion.

Dans un texte, le point de vue de l'auteur peut s'exprimer directement sous la forme d'une thèse, par exemple, s'affirmer ponctuellement par l'intermédiaire de commentaires ou se laisser percevoir plus indirectement à travers l'emploi de termes exprimant sa subjectivité ;

● au sens de focalisation.

La notion de point de vue ou focalisation est utilisée pour déterminer le mode de vision dans un récit ou une description.

• On parle de focalisation omnisciente lorsque le narrateur voit tout et sait tout du personnage qu'il décrit.

• Lorsque le narrateur adopte la focalisation interne, il décrit l'objet comme s'il était vu par un personnage. Il doit alors se limiter à la description de ce que peut voir, penser ou ressentir ce personnage.

• Si le narrateur adopte le point de vue d'un observateur qui ne peut savoir que ce qu'il voit, la focalisation est externe.

Les points de vue peuvent être mêlés.

Exemple : Dans la description de Catherine Leroux (Flaubert, *Madame Bovary*), le narrateur adopte un point de vue interne, décrivant son personnage vu par les « bourgeois épanouis », ce qui ne l'empêche pas d'exprimer son opinion, en défaveur de ces mêmes bourgeois.

Polémique

Du grec « *polemikos* » : « relatif à la guerre ». La polémique est un combat de mots opposant deux adversaires qui luttent pour défendre des positions différentes sur un même sujet. Un texte polémique est une forme d'argumentation conflictuelle.

La polémique est nécessairement argumentative, mais toute argumentation n'est pas nécessairement polémique : on peut argumenter en vue de démontrer une thèse, tandis que la polémique cherche à faire triompher une thèse sur une autre. Elle se distingue en cela du pamphlet qui cherche à faire triompher la vérité même.

Préciosité

Le mouvement précieux se développe en France vers 1650 et touche à plusieurs domaines.

La préciosité est le fait de vouloir imprimer à sa personne, ses sentiments, ses gestes et ses objets une distinction éloignée du commun.

La préciosité de relation se développe dans les « ruelles » et « alcôves », salons qui se multiplient sous l'influence de la marquise de Rambouillet et de Mlle de Scudéry.

Le féminisme précieux développe une réflexion sur les rapports entre les sexes et sur la relation amoureuse. La dénonciation des servitudes du mariage s'accompagne d'une spiritualisation de l'amour.

La préciosité se manifeste dans le langage par la recherche d'une expression et d'un style aristocratiques.

Présent

On distingue essentiellement trois présents :

- le présent d'énonciation : il évoque des faits qui se situent dans l'actualité de l'énonciateur. Il appartient au système du discours ;
- le présent de narration : il peut se substituer au passé simple ou alterner avec lui dans un récit au passé. Il appartient au système du récit ;
- le présent de vérité générale (ou atemporel, ou gnomique) : il exprime des idées d'ordre général, des vérités ou des faits permanents ou durables. Il n'appartient ni au système du récit, ni à celui du discours.

Présupposé

Le présupposé est inscrit dans l'énoncé : il constitue un fait de langue décodable par tout possesseur du code linguistique dans lequel il prend effet.

Etant donné une proposition P, P présuppose P' si et seulement si P implique P'.

Pierre a cessé de fumer (P)

présuppose Pierre fumait auparavant (P')

Voir **Sous-entendu**.

Prolepse

Figure d'anticipation qui consiste, dans un récit, à faire connaître au lecteur des événements postérieurs à l'action, contraire de l'analepse qui est une figure de rétrospection. Dans un texte argumentatif, forme anticipée de réfutation qui consiste à prévenir l'objection de l'adversaire en y répondant par avance.

Prose poétique

On désigne ainsi une qualité particulière de prose marquée par un travail de la phrase et du rythme qui l'apparente à la poésie. La prose poétique tend à effacer les frontières entre poésie et prose.

Exemples : Chateaubriand, *Mémoires d'outre-tombe*, Rousseau, *Les Rêveries du promeneur solitaire*.

Prosodie

En poésie et en prose, ensemble des caractéristiques de volume, d'accent, d'intonation et de rythme.

Réalisme

Ecole littéraire qui succède au romantisme, caractérisée d'une part par la présence dans l'œuvre de la réalité considérée comme source de beauté et d'émotion, et d'autre part par le refus de l'idéalisation.

Par extension est également qualifiée de réaliste toute littérature qui vise la représentation la plus exacte possible de la réalité.

Récit

On distinguera trois acceptions possibles du terme récit :

- Le récit comme genre (roman, nouvelle, conte) par opposition à d'autres genres, comme la poésie ou les textes philosophiques.
- Le récit qui signifie très précisément une histoire racontée (le contenu de l'histoire et sa narration).
- L'énonciation de récit (lorsque l'émetteur d'un texte, narratif ou non, ne fait pas référence à la situation d'énonciation) par opposition à l'énonciation de discours (lorsque l'émetteur fait référence à la situation d'énonciation, dans une lettre ou une page de journal, par exemple).

Registre de langue

Les registres de langue :

- diffèrent à l'oral et à l'écrit. A registre égal, le langage oral est moins soutenu que le langage écrit ;
- dépendent du rapport hiérarchique entre les interlocuteurs, de la situation de communication ;
- des différences socio-culturelles.

On peut distinguer quatre registres de langue : soutenu, courant, familier, argotique.

Les registres de langue peuvent avoir, dans une œuvre littéraire, des valeurs stylistiques diverses : imiter le langage oral, caractériser la parlure d'un personnage, créer un style (comme Céline, dans *Mort à crédit*).

Rime

Elle est consituée par la disposition de sons identiques à la fin de deux vers. On appelle :

- rimes plates les rimes qui se succèdent deux à deux sur le modèle aa bb,
- rimes croisées les rimes disposées sur le modèle abab,
- rimes embrassées les rimes disposées sur le modèle abba.

Dans la poésie classique, les rimes féminines (se terminant par un e muet) alternent avec les rimes masculines (se terminant par une syllabe prononcée).

La richesse de la rime dépend du nombre de sonorités communes. Dans le cas d'une seule sonorité commune (rond/blond), la rime est dite pauvre, dans le cas de deux sonorités communes, elle est suffisante (brume/s'allume), dans le cas de trois sonorités communes (douceur/sœur), elle est riche.

Roman

A l'origine, au Moyen Age, ce mot désigne tout écrit en langue vulgaire, par opposition aux écrits religieux qui étaient en latin : c'est le sens du *Roman de Tristan*, par exemple, qui est un poème. Peu à peu, le mot a désigné le contenu profane de ces écrits, et à partir de là, tout récit développé de la vie de personnages.

Devenu un des trois grands genres littéraires, le roman domine au XIXe siècle, où il se diversifie en sous-genres.

Roman épistolaire

Roman par lettres.
Exemple : *Les Liaisons dangereuses* de Laclos.

Rythme

Deux procédés contribuent à créer le rythme d'un poème.

- Le retour des accents toniques :

L'accent tonique se place sur la dernière syllabe tonique d'un mot ou d'un groupe de mots formant une unité grammaticale.
Exemples : Rythme binaire : Son regard / est pareil / au regard / des statues (Paul Verlaine).
Rythme ternaire : Je marcherai / les yeux fixés / sur mes pensées (Victor Hugo).

- Le décalage entre la structure du vers et celle de la phrase :

La pause de fin de vers ne correspond pas forcément avec la pause grammaticale. Une discordance s'instaure alors entre le mètre et la syntaxe.
Exemple :
C'est un trou de verdure où chante une rivière
Accrochant follement aux herbes des haillons
D'argent, où le soleil, de la montagne fière,
Luit : c'est un petit val qui mousse de rayons.
(Arthur Rimbaud, « Le dormeur du val »).

Enjambement entre le vers 1 et 2 ; rejet entre les vers 2 et 3 ; 3 et 4.
L'enjambement, le rejet et le contre-rejet sont les trois formes possibles de discordance entre la syntaxe et le mètre.

Satire

A l'origine, la satire est un poème attaquant et dénonçant les ridicules et les vices d'une personne, d'un groupe social ou d'une époque.

Puis la satire désigne tout texte animé de ces mêmes intentions. La satire comporte le plus souvent une dimension morale.

Signe

Terme de linguistique. Le signe met en relation un signifié et un signifiant.

– Le signifiant du « chien » est la suite graphique et sonore du mot.

– Le signifié est l'idée de chien évoquée par le signifiant « chien » et qui nous permet de reconnaître l'ensemble des mammifères domestiques appelés « chiens » comme appartenant à la classe « chien ».

Il ne faut pas confondre le signifié avec le référent, dans notre exemple un chien en particulier.

Sonnet

Poème à forme fixe de quatorze vers distribués en deux quatrains et deux tercets.

D'origine italienne (forme privilégiée de la poésie de Pétrarque), le sonnet est codifié en France par Clément Marot. Très en faveur au XVIe et au XVIIe siècle, il réapparaît avec force au XIXe.

Sous-entendu

Message implicite suggéré par un énoncé, à la différence du présupposé, inscrit dans l'énoncé :
Exemple :
Pierre a cessé de fumer.
Présupposé : il fumait auparavant.
Sous-entendu : tu devrais en faire autant.

Strophe

Ensemble de vers clos par la forme et par le sens et qui se répète dans le poème.

Symbole/symbolique/symbolisme

A l'origine, dans l'Antiquité, un symbole était un petit objet d'argile que l'on brisait en deux pour qu'il serve ultérieurement de moyen de reconnaissance entre les deux possesseurs de chaque morceau. Au sens figuré, c'est un élément concret qui, en vertu d'une analogie, représente ou évoque une chose abstraite : la balance symbolise la justice, le lys symbolise la royauté.
L'adjectif « symbolique » s'applique à tout ce qui établit une telle correspondance : un poème symbolique.
Le symbolisme est un mouvement littéraire de la fin du XIXe siècle qui, par opposition au Parnasse et surtout au naturalisme de Zola, souhaite fonder son esthétique sur

une vision du monde privilégiant le spirituel et le symbole, au moyen d'une poétique renouvelée : Verlaine, Rimbaud, Mallarmé sont les grandes figures du symbolisme.

Texte argumentatif

Le texte argumentatif soutient un point de vue ou une thèse au moyen d'arguments et d'exemples. Sa structure est dynamique : le texte argumentatif évolue en général de la thèse refusée à la thèse posée au moyen d'un processus d'argumentation.

Il vise à agir sur l'opinion du récepteur en suscitant son adhésion à la thèse soutenue.

On trouve le texte argumentatif à l'œuvre dans des écrits philosophiques, essais, textes polémiques, pamphlets, manifestes...

Texte descriptif

Le texte descriptif décrit un objet, un lieu ou un être réels ou fictifs. Il est rarement autonome mais apparaît le plus souvent par séquences, au service d'un type de texte dominant : narratif, explicatif ou argumentatif.

On le trouve dans différents genres littéraires : roman (description des personnages et des lieux de l'action), nouvelle, poésie, théâtre...

Texte informatif-explicatif

Le texte informatif et/ou explicatif expose et/ou explique une notion, des faits, un fonctionnement...

Il vise à augmenter (informatif) et à fonder (explicatif) les savoirs du récepteur.

On le trouve dans différents genres littéraires : dans le roman réaliste du XIXe siècle, dans l'argumentation où il peut servir à présenter la thèse sous une forme objective.

Texte narratif

Le texte narratif rapporte des événements réels ou fictifs. Il se déroule dans le temps. Son intention de communication varie d'un contexte à un autre. On peut raconter en vue de susciter une émotion, dans un roman par exemple, ou en vue d'argumenter, dans le conte philosophique par exemple.

Théâtre dans le théâtre

L'expression « théâtre dans le théâtre » renvoie au principe de la mise en abyme, technique picturale consistant à refléter la totalité ou une partie d'un tableau dans le tableau lui-même. L'exemple fameux est celui des *Epoux Arnolfini* de Van Eyck (1434) où le couple se reflète dans un miroir convexe situé au centre de la toile. De nombreuses publicités recourent à ce procédé, telle « la Vache qui rit » dont la boucle d'oreille reproduit en miniature le dessin d'ensemble (une vache portant une boucle d'oreille). Dans ce cas, il s'agit non d'un reflet mais d'une réduplication.

Par extension, on parle de mise en abyme pour les textes. Il y a théâtre dans le théâtre lorsqu'une pièce inclut un fragment d'une autre pièce. C'est le cas, par exemple, de *L'Illusion comique* de Corneille.

Thématique

Ensemble organisé et cohérent de thèmes.

Thème

Au sens littéraire, le thème désigne un élément de contenu relatif à une œuvre. Le thème d'un texte est ce dont il parle, son sujet principal.
Exemple : Dans *Les Rêveries du promeneur solitaire*, la rêverie et la promenade sont des thèmes développés par Rousseau.

Tirade

Au théâtre : longue suite de vers ou de phrases qu'un personnage énonce sans interruption.

Tragédie/tragique

Etymologie probable, « chant du bouc ». C'est une représentation dramatique issue du culte de Dionysos et de divers rites familiaux et agraires, qui connut son apogée au siècle de Périclès, en Grèce antique, avec Eschyle, Sophocle et Euripide.
La tragédie montre un personnage mythique ou légendaire connu du public, aux prises avec le destin ou poursuivi inexorablement par les dieux ; elle repose sur la notion de fatalité.
Exemple : *Œdipe-Roi* de Sophocle ; *Phèdre* de Racine.
L'adjectif « tragique » qualifie ce qui se relie à la tragédie et, au sens dérivé, tout ce qui est redoutable, effrayant et funeste. Le nom « tragique » désigne les principes constitutifs de la tragédie.

Types de textes

Le classement par type de textes date des années 70 et émane des travaux de la linguistique. Des indices textuels spécifiques (intention de communication, structure, temps, lexique) permettent de distinguer principalement quatre types de textes : narratif, descriptif, informatif, argumentatif.

Vers libres

Ainsi nommés par opposition à la poésie régulière fondée sur le comptage des syllabes et sur la rime. Le vers libre est apparu dans la seconde moitié du XIXe siècle.
Exemple : « Ode » de Valery Larbaud est un poème en vers libres.

Maquette intérieure : Emmanuelle Braine-Bonnaire
Mise en page : Michelle Bourgeois
Imprimé en France
par Pollina, 85400 Luçon - n° 68744
Dépôt légal n°15094 – décembre 1995